Women's
Attitude
Lesson

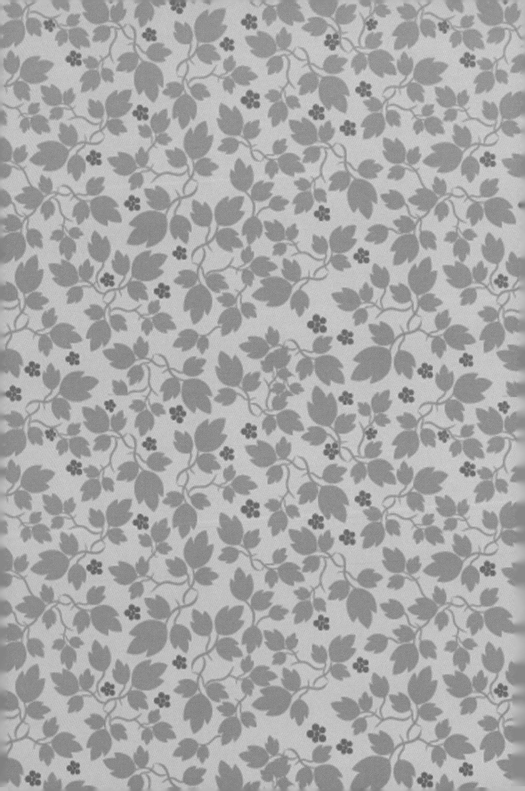

Women's **Attitude** Lesson

싸가지 있는 여자

싸가지 있는 여자

초판 인쇄 ┃ 2014년 11월 13일 초판 1쇄
초판 발행 ┃ 2014년 12월 1일 초판 1쇄

글 ┃ 황정선
그림 ┃ 이현주
발행인 ┃ 박명환
펴낸곳 ┃ 이미지토크북

주 소 ┃ 서울시 마포구 와우산로 3길 15(상수동, 2층)
전 화 ┃ 02) 334-0940
팩 스 ┃ 02) 334-0941
홈페이지 ┃ www.vtbook.co.kr
출판등록 ┃ 2008년 4월 11일 제 313-2008-69호

편집장 ┃ 경은하
마케팅 ┃ 윤병인 (010-2274-0511)
디자인 ┃ 이미지공작소 02) 3474-8192
제 작 ┃ (주)현문

ISBN 979-11-85702-02-5 23190

이미지토크북은 **디자인뮤제오**의 출판브랜드입니다.

Women's Attitude Lesson

싸가지 있는 여자

황정선 글   이현주 그림

Daily Attitude Lesson

Dinner Attitude Lesson

Date Attitude Lesson

Drink Attitude Lesson

IMAGE
TALK
BOOK

싸가지 있는 여자는 우아하다

싸가지란 말은 국어사전에서 '싹수(어떤 일이나 사람이 앞으로 잘 될 것 같은 낌새나 징조)'의 방언(강원, 전남)으로 정의하고 있다. 하지만 우리는 이러한 사전적 정의를 넘어 '예절'이나 '버릇'의 의미로 싸가지를 사용하는 게 일반적이다. 특히 부정어 '없다'와 짝지어 '싸가지가 없다'는 표현으로 많이 쓰이는데, 잘난 척하는 사람이나 남을 배려하는 마음이 전혀 느껴지지 않는 사람을 지적할 때에 자주 사용된다. 그래서 "쟨 예쁜데, 싸가지가 없어.""넌 착한데, 싸가지가 별로야."와 같은 표현을 썼던 것이다.

새삼 싸가지를 운운하는 이유 중 하나는, 요즘 여성들은 대부분 외모 가꾸기에 신경을 쓰기 때문에 스타일리시하게 옷도 잘 입고, 메이크업도 잘한다. 패션과 뷰티 관련 정보도 넘쳐나다 보니 과거 어느 때보다 여성의 외모 지수 평균치가 높아져 있다. 그래서 비슷비슷한 외모와 옷차림이 다른 여성과 큰 차별화를 가져다 주지 못한다. 영혼 없는 미모를 가꾼 여성보다 따스한 느낌을 전달하는 여성에게 훨씬 마음이 끌리게 되는 건 시대의 요구 사항이기도 하다. 상대를 존중하고 고마워하는 마음이 배어 나오고, 독선적이지 않고, 겸손하며 작은 일에도 배려하는 마음이 느껴지는 사람은 분명 싸가지가 있는 게 확실하다. 이렇게 싸가지가 있는 여자는 밝고 부드러운 인상을 준다.

그리고 함께 있으면 마음이 편해지고, 그 편안함이 주위에도 전해져 주변 공기를 밝게 만들어서 또 보고 싶다는 생각을 갖게 한다. 타고난 외모를 고치려면 전문가의 도움을 받아야 하지만, 싸가지를 갖춰 타인에게 매력적인 여성으로 비춰지는 건 자신의 힘으로 얼마든지 가능하다.

따라서 지금부터 당신이 계단을 오르내릴 때, 떨어진 물건을 주울 때, 전화를 받을 때, 차를 타고 내릴 때, 함께 걸을 때, 레스토랑에서 의자를 빼줄 때, 회식 자리에서 술 마실 때 등 주변에서 일어나는 118가지 상황에서 어떤 몸짓으로 행동해야 '싸가지 있는 여자'란 표현을 겟(?)할 수 있는지에 관한 '애티튜드 레슨'을 시작하려 한다. 아울러 어느 페이지를 펴더라도 바로 따라 할 수 있도록 그림으로 설명하고 있다. 찰지게 몸에 배이도록 열심히 노력하고 연습하길 바란다. 그렇게 노력한 하루하루가 쌓인 여자의 얼굴에는 우아한 분위기가 녹아 들게 된다. 싸가지가 있으면 자연스럽게 연출되는 당당한 품위가 바로 우아함이다. 따라서 싸가지 있는 여자는 결국 우아하다는 말을 듣게 된다. 우아함은 쉽게 얻기 힘든 미적 가치다. 시대를 막론하고 칭송받는 미적 가치이기도 하다. 일단 상대를 존중하고 고마워하는 마음이 배어 나올 때까지 싸가지로 시작하자. 시작은 싸가지였으나 끝은 우아함이리라.

황정선

1 Daily Attitude Lesson

2

Date Attitude Lesson

3

Dinner Attitude Lesson

4

Drink Attitude Lesson

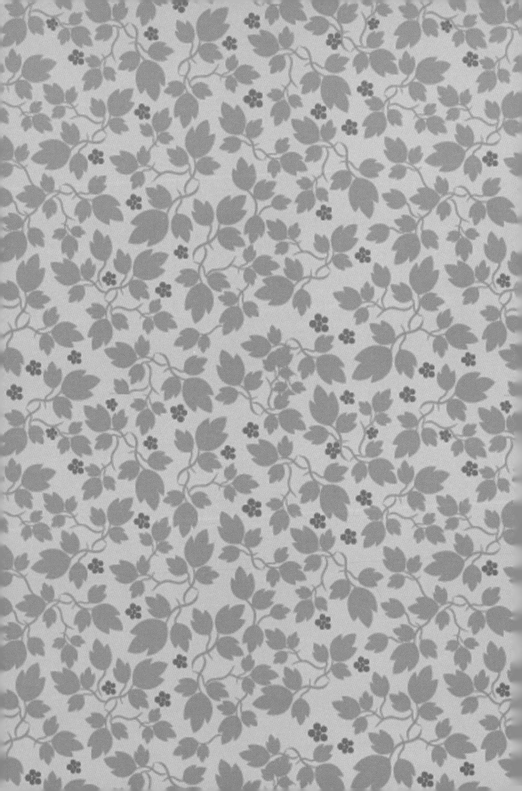

Daily
Attitude Lesson

썩소를 짓지 않는다

피곤한 얼굴을 하고 있거나 표정이 없으면 아무리 상대를 배려하는 마음을 전달하려고 해도 진심으로 받아들여지지 않는다. 진심이 느껴지지 않는 몸짓은 애정 없는 위로나 진정성 없는 사과처럼 오히려 상대를 무시하고 있다는 불쾌감까지 전달할 수 있다. 입꼬리만 웃는 미소 일명, 썩소도 마찬가지다. 상대방의 컨디션에 따라서는 오히려 비웃는 것으로도 보일 수 있다. 당신이 진심으로 웃을 때 얼굴이 대칭되어 훨씬 매력적으로 보인다. 그런데 진심을 담은 표정을 지으려면 눈이 가장 중요하다. 따라서 눈 아래를 종이 등으로 가리고 눈만으로 웃고 있는 인상을 만드는 연습도 필요하다. 이때 고개를 살짝 들어 주면 눈동자에 조명이 반사돼 눈빛이 더욱 반짝거린다.

주위를 밝게 하는 웃는 얼굴이야말로 하루 아침에 이루어지지 않는다. 평소 상대방의 이야기를 들을 때도 무표정이 아니라 입꼬리를 올리고 듣는다. 애기에 흥미가 있다는 사실을 입꼬리로 표현하는 것이다. 또 자기가 이야기를 할 때도 상대에게 윗니를 보이는 스마일로 친근감을 표현한다. 그렇게 하면 상대방도 금방 마음의 문을 열고 대화의 분위기가 좋아지게 된다. 특히 남자들은 여자의 미소가 자신을 향한 최소한의 호감을 암시한다고 믿는다. 미소의 위력은 데이트에서만 통하는 게 아니다. 사회 생활을 하다 보면 방어와 공격 태세로 무장하고 사소한 피해만 입어도 싸움닭처럼 덤벼드는 여자가 있는가 하면, 어떤 상황에서도 웃으며 조근조근 자기 주장을 펼치는 여자도 만나게 된다. 누가 더 매력적인지는 애써 말하지 않아도 되리라. 싸가지 있는 여자의 첫번째 필살기는 마음 담긴 표정이다. 동서고 금을 막론하고 상냥한 여자는 남자의 마음을 녹인다.

몸단장 체크로 하루를 시작한다

당신은 하루에 몇 번 거울을 보고 있는가? 외출할 때만이 아니라 혼자 있을 때에도 남들 눈에 보이고 있는 자신의 모습을 의식하고 몸가짐을 정돈하는 것은 우아한 여성의 기본적인 습관이다. 시간과 장소, 상황에 어울리는 연출을 하는 것은 절대 하루 아침에 이루어지지 않는다. 날마다의 습관들이 모여 찰지게 몸에 배어들었을 때 비로소 당신의 인상을 아름답게 바꿔 줄 수 있는 것이다. 깔끔함이 느껴지지 않는 옷차림이나 메이크업이야말로 민폐녀의 첫 번째 요소라는 점을 잊지 말자. 또한 머리카락, 신발, 손과 같은 신체의 끝부분에 신경을 쓰지 않으면 칠칠맞게 보이기 딱 좋다. 이런 놓치기 쉬운 끝부분의 관리 상태가 전체적인 스타일을 고급스럽게 마무리해 준다.

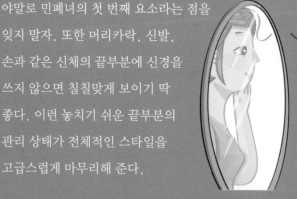

헤어스타일은 깔끔하고
밝은 인상으로 정돈한다.

스무살이 넘은 여자는
메이크업을 하는 것이
예의이다.

향수를 너무 진하게
뿌리는 것도 민폐녀가 된다.
무릎의 뒤나 발목 등 하반신에
뿌리면 은은히 향기가 난다.
뿌리고 싶은 위치에서
20cm 정도 떨어져서
한 번 뿌리는 정도가
적당하다.

옷차림도 청결한 것이 기본이다.
사이즈가 너무 크면 단정하지
못한 인상으로 보이고, 또 너무
작으면 몸의 라인이 드러나서
품위가 없어 보인다. 몸에 딱
맞는 사이즈를 입는 것이
가장 세련되게 보인다.

네일은 더러움이나 손 거스러미에
주의. 컬러는 투명이나 핑크,
베이지 계열이 자연스럽다.
손톱을 너무 기르면 부러지기 쉬우므로
손톱 끝의 흰 부분과 핑크 부분이
1:3이 되도록 정돈하는 것이
안전할 뿐 아니라
깨끗하게 보인다.

구두는 더럽거나 구두굽이 닳아
있지 않도록 늘 신경을 쓴다.
스타킹은 베이지색 계열로 신으면
메이크업의 파운데이션과 같은
효과가 있어서 다리를 깨끗하게
보여 준다.

메이크업에 청결감을 담는다

메이크업은 얼굴의 인상을 바꿔주는 마법의 도구이다. 다른 것보다 피부 표현만 잘해도 탄력있고 윤기나서 훨씬 아름답게 보인다. 그렇다고 해서 지나치게 광택을 내면 너무 번들거려서 지저분하게 보일 수 있다. 컨실러로 잡티를 가리고, 파운데이션을 얇게 펴 바르는 정도로 피부 표현을 한다. 파우더를 바를 때는 퍼프보다 큰 브러시로 가볍게 얼굴을 쓰다듬듯이 얹는다. 훨씬 자연스러운 입체감을 낼 수 있다.

헤어컬러에 맞춰서
아이브로의 색을 선택한다.

아이섀도를 바른 후에는
브러시나 손가락으로
펴 바른다.

볼터치는 밝은 피부는
핑크 계열, 어두운 피부는
오렌지 계열로 한다.

치아에 립스틱이 묻어 있지 않도록
립스틱을 바르면 반드시 티슈로
한 번 닦아낸다.

목과 얼굴색에 차이가
나지 않는 톤의 파운데이션을
선택한다.

퇴근 후 데이트 약속이 있더라도
아침부터 너무 진한 메이크업을 하면
직업을 의심받을 수 있다.

쌩얼은 안 된다. 성인 여자에게는
"쌩얼 메이크업"만 허용된다는 것을
명심하자.

가짜 티가 나는 속눈썹,
넘쳐 흐르는 립글로스, 번쩍번쩍한 아이섀도 등
지나치게 화려한 화장은 나이 들어 보이는
지름길이다.

메이크업은 은밀하게 진행한다

메이크업을 하거나 고치는 행위를 사람들이 있는 장소
에서 하는 것은 매우 부끄러운 일이다. 출근길 지하철
이나 버스 안에서 메이크업을 하는
여성들을 볼 수 있는데, 이것은
아줌마들도 마다하는 행위이다.
타인의 시선을 의식하는 것에서 기품이 나오는
법이다. 따라서 자신의 집 이외에서 메이크업을
하거나 고칠 수 있는 곳은 화장실뿐이라는 점을
명심하자. 보통 지워진 화장의 원인은 땀과
피지이므로 짬짬이 눌러서 닦아내면 많이 지워지지
않는다. 그렇다고 시도 때도 없이 기름종이를
꺼내 개기름을 닦아내지 않는다. 특히, 식당이나
카페에서 기름종이로 얼굴을 닦는 것은 보는
사람의 비위까지 상하게 할 수 있으므로 주의한다.

Don't

립스틱 정도만 고치는 거면
공공장소에서도 괜찮지 않을까?
절대 괜찮지 않다.

회사의 자기 책상에서 메이크업을 고치는 것은 괜찮지 않을까? 역시
괜찮지 않다. 메이크업은 휴식 시간을 이용해 화장실이나 여직원 휴
게실에서 고치도록 한다.

헤어 컬러에 유연함을 더한다

긴 듯한 앞머리는 헤어핀으로 고정시키거나 옆으로 넘겨서 깔끔한 인상을 만든다. 옆의 머리카락은 귀 근처에서 고정시키거나 뒤로 묶거나 해서 정돈하는 것이 훨씬 우아하다. 그리고 브라운 계열의 헤어 컬러는 누구에게나 부드럽고 세련된 인상을 가져다준다. 자신의 얼굴색이나 눈동자 색과의 밸런스를 보고, 제각각 느낌이 다른 브라운을 잘 선택해서 '나다운 헤어 컬러'를 찾아 보자.

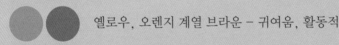 옐로우, 오렌지 계열 브라운 – 귀여움, 활동적

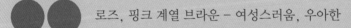 로즈, 핑크 계열 브라운 – 여성스러움, 우아한

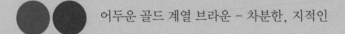 어두운 골드 계열 브라운 – 차분한, 지적인

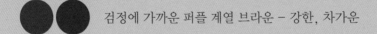 검정에 가까운 퍼플 계열 브라운 – 강한, 차가운

Don't

인사를 하거나
식사 중에 고개를 숙이거나 할 때
머리카락이 쏟아지듯이 떨어지면
지저분하게 보인다.

눈이나 얼굴을 숨긴 듯한
긴 앞머리는 눈을 찌를 것 같은
불편한 인상을 준다.
한편 옆머리가 얼굴을 가리는
스타일은 결코 얼굴이 작아
보이는 데 도움이 되지 않는다.

유니폼도 사복처럼 신경 써서 입는다

유니폼은 어깨 폭, 소매길이, 스커트 길이가 자신의
사이즈에 딱 맞는지를 확인한다. 사이즈가 맞지
않는 옷은 깔끔하지 못하게 보일 뿐 아니라 맵시
도 나지 않아서 스타일 면에서도 손해다. 부득이
하게 사이즈가 잘 맞지 않는 경우에는 수선을
해서라도 몸에 딱 맞게 입는다. 그리고 제발
더러워진 경우에는 주말까지 기다리지 말고
사복처럼 곧바로 세탁해서 입도록 하자.

특히 유니폼을 입었을 때는 커다란 액세서리
보다 심플한 것이 훨씬 우아하고, 얼굴을 돋보이
게 해준다. 귀걸이는 흔들리는 것 말고 딱 붙는
형이 프로패셔널한 인상을 준다. 반면에 더러워
진 네크 라인이나 소맷부리는 평소 생활도 매우
지저분할 것 같은 인상을 남기게 되므로 신경을
써야 한다.

Don't

단추가 떨어지거나
스커트 단이 뜯어진 채 다니면
칠칠맞은 여자임을 광고하고
다니는 것과 마찬가지다.

무늬가 있거나 망사로 된
스타킹은 유니폼뿐 아니라
평소 옷차림에도 권하고
싶지 않다.

구두는 오래 신고 있어도
피곤하지 않은 것을 선택하도록
한다. 그렇다고 통굽의 슬리퍼를
말하는 것은 아니다.

아무리 출근해서 유니폼으로 갈아입는다고 해도 임산부처럼 보이는 레깅
스 스타일이나 바로 아줌마로 불리는 편안할 뿐인 스타일은 이제 접을
때도 됐다. 한술 더 떠서 늘어난 레깅스에 샌들 뒤끈을 밟아 슬리
퍼처럼 신고 출근하는 여자는 같은 여자가 봐도 최악이다.

지루함이 묻어나는 스타일을 하지 않는다

반면 사무실에서 정장을 착용하는 대부분의 여성들은
너무 무난한 복장으로 자칫 고루한 인상을 주기 쉽다.
정장을 입을 때는 엷은
블루나 핑크 등
부드러운 색의 이너로
다양한 변화를 줘서 입거나,
좀 작은 목걸이를 하는 등 허용되는
범위에서 여성스러움을 연출하자.

단정하지만
여성스러움을 연출하는
것을 잊지 말자!

즉, 액세서리는 심플한 것을 고른다. 또 선택한
이너가 몸을 숙였을 때 가슴골을 드러내지
않는지 거울 앞에서 구부려 체크한다.
재킷은 티셔츠 위로 걸쳐 입는 것만으로
깔끔한 인상이 되는 기본형을 선택하면 급한
방문이나 내방객 응대에도 편리하다. 팬츠는
주름이 지지 않는 소재를 선택하면 장시간
앉아있어도 구김 등을 신경 쓰지 않아도 된다.

캐미솔은 연장자에게는
속옷으로 보일 수도 있다.
입고 싶을 때는 재킷을
걸치거나 스카프를 둘러서
노출 면적을 줄이는 식으로
연출한다.

바지를 입고 등을 굽혔을 때
허리나 엉덩이 골이 보이는
로라이즈 스타일은
보는 사람이 더 민망하다.
상의가 엉덩이를 가리는
길이여야 활동이
불편하지 않다.

지하철이나 가파른
계단을 올라갈 때
핸드백으로 뒤를 가릴 정도의
짧은 미니스커트는
결코 섹시해 보이지 않는다.

허벅지의 셀룰라이트가
다 보이는 짧은 반바지를
입은 여성은 보는 사람을
더욱 부끄럽게 한다.

속옷을 제대로 입을 줄 안다

아무리 예쁜 옷을 입었다고 해도 브래지어가 비치거나,
팬티 자국이 보이면 누구든 칠칠맞게 보인다. 요즘은
살짝 보이는 란제리를 에티켓에 어긋난다고 생각하지
는 않지만, 대놓고 드러내는 것은
천박한 인상을 남길 수 있다. 바지나
타이트 스커트를 입는다면 먼저 재봉선이
없는 팬티를 갖고 있는지부터 확인하자.

몸에 딱 맞는 티셔츠를 입고 싶다면
레이스나 장식이 화려한 브래지어는
거들떠 보지도 말자. 장식이나 솔기가
없는 속옷이 섹시하지 않다는 건
편견일 뿐이다.

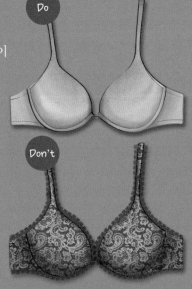

화이트 셔츠나 블라우스에
흰색 브래지어를 착용하는 사람이
아직도 있단 말인가?
피부색과 같은 톤의 브래지어는
속살이 비치는 옷을 입을 때
착용하라고 나온 물건이다.

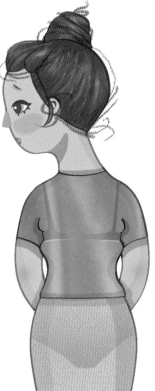

브래지어 끈 사이로 옆구리 살이
삐져나오거나 팬티 라인이 선명하게
드러나면 정말 추해 보인다.

종이 쇼핑백에 집착하지 않는다

핸드백에 들어가지 않는 짐을 옷 가게 봉투나 화장품
브랜드의 쇼핑백에 넣어
다니는 사람이 많은데,
아무리 고급 브랜드의
로고가 프린트되어 있어도
쇼핑백은 쇼핑백이다. 결코 여러 번 돌려서
사용하는 물건이 아니다. 천으로 된 서브백이나
에코백을 가지고 다니자.

작은 포켓이 있는
핸드백은 소품정리가
편리!

핸드백은 좋아하는 취향에 맞추거나
유행하는 핸드백을 자유롭게 선택해도 좋다.
단, TPO나 전체 코디네이트에 주의한다.
작은 포켓이 달려 있는 핸드백은 소품을 정리할
수 있어서 편리하다. 핸드백 안에 천으로 된
서브백을 가지고 다니면 짐이 많아지거나
했을 때 좋다.

Don't

핸드백이 짐으로 넘쳐나지
않도록 주의한다. 여유 있는
사이즈를 선택하자.

빅백을 작고 아담한 여자가 매면
자칫 포대 자루처럼 보일 수 있다.
신체 사이즈를 고려해서 핸드백을
골라야 세련되어 보인다.

짐이 2개 이상일 경우에는
한 손에 전부 들지 말고 양손으로
나누어 든다. 예를 들면,
핸드백은 한쪽 손의 팔꿈치에
걸고, 다른 한 손에 서브백을
드는 등 밸런스를 생각하자.

터질 듯한 지갑을 들지 않는다

영수증이 삐져나와 있거나, 카드를 너무 많이 꽂아 뚱뚱해져 있는 지갑은 정리정돈이 안되어 있다는 증거로밖에 보이질 않는다. 영수증은 가능한 한 그날 안에 정리하는 것을 습관으로 하고, 카드는 자주 쓰는 것만 갖고 다니는 등 지갑도 스마트하게 관리하자.

지폐의 방향을 가지런히 넣으면 청결한 인상을 준다. 무엇보다 갖고 다니는 것은 최소한으로 한다. 지갑이란 돈을 모으고 필요한 돈을 보관하는 데 중요한 아이템이다. 게다가 금전운과도 직결되는데, 지갑을 고르는 것은 신중히 하면서도 관리를 소홀히 해서 금전운을 쫓아 버리는 여성들을 많이 볼 수 있다. 날씬한 몸매만큼 날씬한 지갑이 되도록 신경을 쓰자.

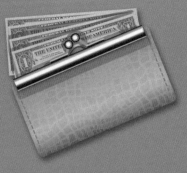

지폐의 방향을 가지런히 넣으면 청결한 인상!

지갑을 오랫동안 사용하고
싶다면 되도록 적게
넣어 다녀야 형태가
무너지지 않는다.

아무리 행운의 지갑이라고 해도
너무 오래 사용해서 낡은 것은
너덜거리는 인상만
남길 뿐이다.

꼬깃꼬깃한 지폐를 건네면 사람까지 꼬질하게 보인다.
평소 지폐의 방향을 맞춰서 지갑에 가지런히 넣어두면
깔끔한 인상을 줄 뿐만 아니라 금전 감각도 있어 보인다.

핸드백을 우아하게 들 줄 안다

손목이 몸쪽을
향하도록 들 것!

핸드백은 팔에 걸쳐서 들면 여성스럽게
보인다. 이때도 손목을 몸통 밖으로
나가게 해서 들면 지나가는 사람에게
방해가 될 뿐 아니라, 유치원생이 가방을
든 모습처럼 보인다. 손목이 몸쪽을 향하도록
신경 써서 든다. 특히 클러치백은 어떻게
드느냐가 중요한 백이다. 이때도 손목을
안으로 해서 아래에서 위로 들면 모델처럼
보인다.

솔더백을 멋스럽게 들고 싶다면
한쪽 어깨가 올라가지 않도록
수평을 유지한다. 그리고
손잡이에 가볍게 손을
얹으면 멋스럽다.

핸드백 안의 소지품이 훤히
들여다 보이면 단정해
보이지 않는다. 짐이 많아
안이 보일 것 같을 때는
손수건이나 스카프 등을 얹어서
가리면 스타일리시하다.

레이디풍의 백을 크로스로
메는 건 상당히 촌스럽게 보인다.
끈을 길게 한 후 자신의
상체보다 살짝 뒤로 가게 메야
예쁜 백이 된다.

토트백은 손잡이를 손에 쥐고
차려 자세로 걷는 것보다
팔꿈치를 가볍게 굽혀서 들면
가방 무게도 줄어들 뿐 아니라
보기에도 근사하다.

꼬질꼬질한 화장 도구를 사용하지 않는다

화장도구는 더러워지기 쉬워서 사용할 때마다 닦아내는 것이 필요한 법이다. 손질하고 있는지 아닌지 쉽게 드러나는 아이템인 것이다. 지저분하면 야무지지 못하고 게으른 사람으로 보인다. 더러운 퍼프를 가지고 있는 사람치고 메이크업을 잘 하는 사람이 없다. 탁한 거울이나 마스카라가 묻은 뷰러 등 더러워진 아이템이 파우치에 들어있지 않은지를 언제나 체크하자.

화장 도구는 항상 청결하게!

작은 소품류는 카테고리 별로 파우치에 넣고 백에 작게 구분해서 넣어 두면, 바로 꺼낼 수 있어서 편리하다. 지갑과 마찬가지로 파우치도 낡아서 너덜거리기 전에 미리 새것으로 바꾸도록 한다. 파우치의 내용물은 압축파우더, 립글로스, 핸드크림, 껌이나 구강청결제, 작은 캔디, 립크림, 컨실러, 아이브로, 미니어처 향수, 상비약, 생리대, 일회용 반창고, 휴대용 반짇고리 등이 기본이다.

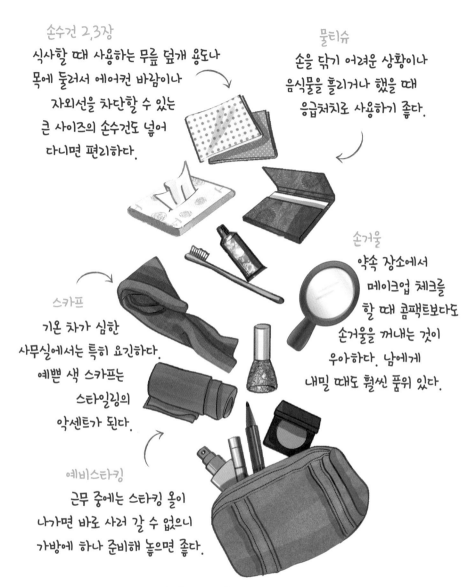

손수건 2,3장
식사할 때 사용하는 무릎 덮개 용도나
목에 둘러서 에어컨 바람이나
자외선을 차단할 수 있는
큰 사이즈의 손수건도 넣어
다니면 편리하다.

물티슈
손을 닦기 어려운 상황이나
음식물을 흘리거나 했을 때
응급처치로 사용하기 좋다.

손거울
약속 장소에서
메이크업 체크를
할 때 콤팩트보다도
손거울을 꺼내는 것이
우아하다. 남에게
내밀 때도 훨씬 품위 있다.

스카프
기온 차가 심한
사무실에서는 특히 요긴하다.
예쁜 색 스카프는
스타일링의
악센트가 된다.

예비스타킹
근무 중에는 스타킹 올이
나가면 바로 사러 갈 수 없으니
가방에 하나 준비해 놓으면 좋다.

반짝이 매니큐어
갑자기 네일 컬러가 벗겨지거나
했을 때 커버하기에 유용하다.

서 있는 자세만으로 당당함을 연출한다

배를 내밀고 서 있는 자세는 피로하고 무기력하
게 보인다. 아랫배에 힘을 줘서 배를 들어가게
하고 머리부터 끌어올려지고 있다고
의식해 본다. 옆에서 봤을 때 귀,
어깨, 허리, 무릎 옆, 복숭아뼈가
일직선으로 되는 것이 가장 이상적
이지만, 너무 의식하면 어깨나 허리에
힘이 들어가 부자연스럽게 보일 수
있다. 딱딱하게 굳어서 상대에게
긴장감을 주지 않도록 어깨의 힘을
빼고, 손은 자연스럽게 옆으로
내리거나 앞에서 가볍게 모은다.

앞으로 모을 때는 몸통과 팔 사이에
약간 공간이 생기도록 하면 훨씬
단정하고 맵시 있게 보인다.

Don't

한쪽 다리에만 체중을 싣고
서 있는 짝다리가 되지 않도록
양쪽 발에 체중을 고르게 분산한다.
이때 팔짱을 끼거나 손을 엉덩이에
올리지 않는다.

한쪽 어깨가 올라가 있거나
등이 굽어 있으면 반듯하지
못하고 구부정한 인상을 준다.
그렇다고 해서 벽이나 가구 등에
기대어 서는 것은
바람직하지 않다.

인사말이 가장 중요하다는 것을 안다

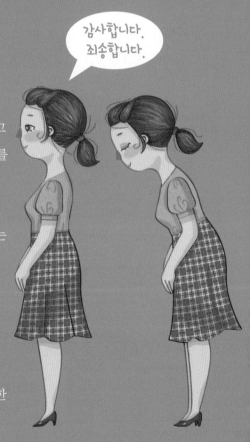

감사합니다.
죄송합니다.

느낌이 좋은 인사의 가장 중요한
포인트는 '올바르게 선 자세를 만들고
나서, 머리를 숙이는 것'이다. 머리를
숙일 때 머리만 까딱하는 것은
정중함이 결여되어 보인다. 등을 편
채로 허리부터 몸을 두 개로 접는다는
이미지로 상체를 숙이면 아름답고
정중한 인사가 된다.

특히 감사나 사과를 전하는 인사를
할 때는 먼저 인사말을 전하고,
그런 후에 머리를 숙이면 보다 정중한
인상을 준다.

Don't

머리만 까딱하는 것은 실례!
시선은 자신의 발끝이 아니라,
상대의 발끝에 떨어뜨리면 자세가
아름답게 나온다.

걸어가면서 까딱하는 것은 안 된다
걸으면서 멈추지 않고 인사하는 것은
상대에게 성의가 없다는 인상을 주게 된다.
잠깐이라도 제대로 멈춰 서서
인사하는 것이 중요하다.

구부정하게 앉지 않는다

상반신은 선 자세와 똑같이 등을 편다. 테이블에서 주먹 하나 정도, 등받이와 엉덩이 사이에도 주먹 하나 들어갈 정도의 공간을 두면 바른 자세로 앉을 수 있다. 팔은 양 옆구리에 달걀 1개 정도를 벌려서 약간 느슨하게 만들면 자연스럽다. 테이블이 있으면 손은 손가락 끝을 가지런히 테이블 위에 올려놓고, 테이블이 없는 경우에는 양손을 무릎 위에 올려 손가락을 가지런히 가볍게 겹쳐 놓는다.

다리를 비스듬히 할 경우에는 어깨 폭보다 발끝이 밖으로 나가지 않을 정도까지만 한다. 그것보다 옆으로 너무 비스듬히 나가면 품위 없게 보인다.

팔짱을 끼고 앉으면 마음을 닫고 있다는
신호로 읽히기 쉽다. 상대방에게 압박감을
줄 수 있으므로 습관적으로 하고 있지 않는지
체크한다.

손가락 사이가 떨어지지 않도록
신경을 써서 손을 모아 주어야
손가락도 길고 예뻐 보인다.

엉덩이 부분만 의자 앞부분에 걸치고
등의 일부분을 의자 등받이에 기대어 앉으면
보기에도, 건강에도 좋지 않다.

언제 어디서나 기품이 느껴지게 앉는다

옆에서 봤을 때 등을 펴고 턱은 약간 당기는 자
세로, 양 무릎은 붙이고 무릎과 양발의 각도는
90도 직각보다 10cm 정도 앞으로 내밀면 다리
가 길고 아름답게 보인다. 가지런히 한 양발을
한쪽으로 가볍게 보내면 더욱 우아하고 기품 있
게 보이는데, 이때 팔걸이에 팔을 올리고 상체가
흐트러지는 순간 단정하지 못한 인상으로
바뀐다.

이때도 손은 손가락을 쫙 펴지 말고,
손바닥에 탁구공을 올린 것처럼 둥글게
유지하고, 사뿐히 겹치면 우아하게
보인다.

90°

약 10cm

자기 집이 아닌 곳에서 다리를
포개서 앉거나 발을 의자 위에
올리는 행동은 절대로 하면 안 된다.

낮은 소파에 앉는 경우 타이트 스커트는 정면에서 속옷이 보일 수 있다.
무릎을 반드시 붙이고 다리를 옆으로 비스듬히 기울이면 안전하다. 회전
의자에서 빙빙 돌거나 흔들의자에서 앞뒤로 몸을 흔들거나 하는 동작은
우아함과 담을 쌓고 싶을 때 하면 된다.

다리를 꼬아도 되바라져 보이지 않는다

우아하게 다리를 꼴 때는 아래로 오는 다리의
무릎을 같은 방향으로 살짝 내리듯이 뻗고
그 위에 반대쪽 다리를 겹치듯이 올린 후
비스듬히 옆으로 기울인다. 이때도 상체는
절대 기울어지지 않도록 하고, 무릎에서
복사뼈까지의 라인이 떨어지지 않도록
하면서 발끝을 아래쪽 방향으로
향하도록 한다.

다리를 아름답게 꼬기 위해서는
아래로 오는 다리의 무릎 관절 위에
다른 쪽 다리를 정확하게 올려놓는다.

Don't

무릎을 세우고 다리는 꼬는 것은
남성스럽게 보인다.

다리를 꼴 때 하나로 모으지
않으면 다리가 짧아 보이고
경박한 인상을 준다.

다리를 꼬고 떨기까지 하면
최악이다.

격식을 차린 자리에서는 다리를
꼬지 않는 것이 정답이다.

걸음걸이에서 밝고 경쾌함이 느껴진다

바른 자세를 유지하면서 걸으면 자신감이 넘쳐 보인다. 바닥에 1개의 선을 상상하고 그 선을 사이에 두고 걷듯이 하면 당당하게 발걸음을 옮길 수 있다. 길을 가면서 쇼윈도에 비친 자신의 모습이 일정한 높이를 유지하는지, 너무 뻣뻣하지 않은지 살펴보자.

실외에서 걸을 때는 시선은 바닥을 보지 말고 항상 10m 앞을 향하는 느낌으로 앞쪽을 바라본다. 턱은 너무 당기지도, 너무 올리지도 말고 턱 아래에 손가락이 3개 들어갈 정도가 자연스럽다. 가슴을 지나치게 내밀어도 허리에 부담을 주기 때문에 좋지 않다. 그리고 어깨에 힘을 빼고, 등은 쫙 펴서 키가 1cm 정도 늘어난다고 상상하면서 바른 자세를 유지한다. 양팔은 가볍게 앞뒤로 흔드는데 뒤쪽으로 더 많이 보내면 몸이 자연스럽게 앞으로 나간다. 허리와 다리를 함께 내미는 느낌으로 움직인다. 무릎은 펴서 걸을 때 양 무릎이 살짝 부딪치게 걷는 것이 정석이다.

몸을 좌우로 흔들거나 위아래로
통통 튀는 듯이 걷는 것은 어린아이의
걸음걸이다. 터벅터벅 걷거나
발을 질질 끌면서 걷는 것은
맥없고 부정적인 인상을
남긴다.

몸을 뒤로 젖히거나 배를 쑥
내밀고 걷는 사람은 복근이
약한 게 원인이다. 복근을
의식하면서 힘을 주며
걸어보자.

보폭을 너무 넓게 하거나
바닥을 쿵쿵대며 걸어서도
안된다. 보폭은 어깨 넓이
정도가 적당하다.

49
Women's Attitude Lesson

발소리를 내지 않고 걸을 수 있다

실내에서는 당당하게 걷는 것보다 고상하게 발소리를 내지 않고 걷는 습관을 들인다. 등을 쫙 펴고 아름다운 자세를 유지하는 것은 기본이다. 가볍게 움직이며 실내 공간을 미끄러지듯 걸을 수 있다면 우아한 걸음걸이를 마스터한 것이다. 팔은 너무 흔들리지 않도록 옆에 자연스럽게 내려놓는다.

실내에서 걸을 때 시선은 조금 아래를 향해서 5m 앞을 보는 듯한 느낌으로 바라본다. 손은 앞에서 깍지를 껴도 괜찮다. 슬리퍼는 탁탁 소리를 내지 않도록 끝까지 확실히 발을 넣는다. 뒤꿈치는 가능한 한 들지 않고 걷는다. 그렇다고 뒤꿈치를 바닥에 완전히 밀착해서 바닥을 쓸 듯이 걸어서도 안 된다. 보폭은 실외에서 걸을 때보다 좁게 유지하며 걷는다.

특히 실내에서는 쿵쾅쿵쾅, 탁탁 소리를
내며 걸으면 크게 울릴 수 있다.
소리를 내면서 걷고 있지
않는지 확인한다.

시선만 발밑을 보듯이 아래로
향하는 것이지 목을 앞으로 내밀고
걸으면 흉하다.

안짱다리나 팔자걸음으로 걸으면
우아함은 모두 사라진다. 일직선을
사이에 두고 걷는다는 느낌으로
걷도록 한다.

산뜻하게 계단을 오르내린다

올라갈 때

시선은 약간 위로 보내서
발아래만 보지 않는다.
상체를 약간 앞으로
숙이듯이 걸으면
안정감이 있다.

롱스커트를 입었을 때는
스커트의 앞을 발목 정도까지
가볍게 잡고 몸을 약간
비스듬히 해서 걸어 올라간다.

계단에 발 전체를 올리지
말고 발바닥의 2/3만
올리면 가벼운 발걸음으로
걸을 수 있다.

발아래만 신경 써서 시선이
땅으로 떨어지지 않도록 주의하자.
아무리 바빠도 한 번에
한 계단 이상은 시도도
하지 말자.

시선은 조금 아래로 향해서
발끝을 보면서 내려간다.
상체가 뒤로 젖혀지지
않도록 주의한다.

발끝부터 계단에 닿도록
걸어야 깔끔한 걸음걸이로
마무리된다.

무게 중심이 한쪽으로
쏠리거나 쿵쿵 소리를
내며 걷지 않도록 주의한다.

걸음걸이도 TPO*에 따라 바꾼다

양 무릎을 가볍게 하고
발끝에 힘을 주어
걷자!

비가 내리고 있을 때나 그친 뒤에는 걸을 때
다리나 스커트에 흙탕물이 튀는 경우가
많다. 더럽히지 않고 걸으려면 양 무릎을
가볍게 하고, 발끝에 힘을 주면 흙탕물이
튀어 오르기 어렵다. 평소보다도 보폭을
작게 하고 천천히 걷는 것이 요령이다.

TPO*
Time, Place, Occasion의 머리 글자로,
옷을 입을 때의 기본원칙을 나타낸다.
즉 옷은 시간, 장소, 경우에 따라
착용해야 한다는 점을 강조하기
위해 나온 말이다. [네이버 패션전문자료사전]

하이힐 high heel

보폭은 조금 작게 걷는다. 하이힐을 신으면 몸
의 중심이 앞으로 쏠리는 경향이 있는데, 발바
닥 부근에 중심을 둬서 앞으로 구부리지 않도
록 한다. 또한 하이힐을 신으면 무릎을 굽히고
허리를 뒤로 빼는 자세가 되는 경우도 많은데
무릎을 똑바로 펴도록 주의한다.

뮬 mule

발뒤꿈치가 드러나는 뮬은 굽 소리를 내지 않고
걷는 것이 포인트이다. 그러기 위해서 발목, 발
등, 발끝에 조금 힘을 주고, 뮬의 바닥과 발뒤
꿈치를 붙이면서 걸어야 한다. 한순간 긴장을
풀면 바로 발소리를 낼 수 있으므로 비즈니스
자리나 조용한 장소에는 신지 않는 편이 낫다.

스니커즈 sneakers, 플랫 슈즈 flat shoes

보폭은 조금 큰 듯 걸어도 괜찮다. 무릎을 펴고
똑바로 다리를 앞으로 내밀며 걷는다. 발뒤꿈
치를 먼저 디딘 후, 그 다음 발가락 쪽으로
체중이 옮겨지도록 걷는다. 특히 굽이 낮은
플랫 슈즈를 신을 때는 팔자 걸음이
되지 않도록 주의한다.

네일 아트보다 손동작에 더 신경 쓴다

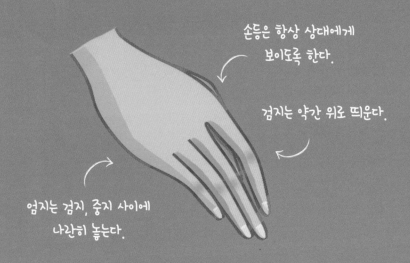

손등은 항상 상대에게
보이도록 한다.

검지는 약간 위로 띄운다.

엄지는 검지, 중지 사이에
나란히 놓는다.

손은 자주 사용하고 다른 사람 눈에 띄기도 쉬운 부위이므로, 손끝 사용만
잘해도 놀라울 정도로 인상이 바뀐다. 손은 사람의 마음을 표현하는 것이
라고 생각하자. 손놀림에 신경 쓰는 것만으로 온화하고 품위 있는 여성으
로 보일 수 있다. 그러기 위해서는 중요한 포인트로 손가락의 첫 번째 관절
을 사용하면 정중한 움직임으로 보인다. 그리고 평소에 엄지 손가락은 손
중앙으로 놓고 상대에게 늘 손등을 향하게 하는 자세로 있을 것. 검지 손가
락에 반지를 끼고 있다는 느낌으로 그 손가락을 상대에게 보여 준다고 생각
하면 어떤 손동작도 아름다워진다.

작은 물건은 중지를 사용해 집는다

사탕이나 약처럼 작은 것을 집을 때는 중지와 엄지로 잡고 검지는 더하는 느낌으로 집는다. 이때 새끼손가락은 세우지 않도록 주의한다. 다른 손가락은 자연스럽게 둥글게 해서 여성스러운 손 모양으로 만든다. 물건을 집을 때 중지를 사용하면 손이 예쁘게 보인다.

손가락으로 무언가를 가리키지 않는다

"저쪽입니다." 라고 방향을 가리키거나 설명을 위해서 서류 등을 가리킬 때, 검지 손가락 하나로 가리키는 것은 상대에게 실례가 되는 동작이다. 손가락을 가지런히 해서 손바닥을 위로 향하고, 손 전체로 가리킨다. 그때 손끝까지 쫙 펴는 것이 아니라, 손바닥 위에 탁구공을 한 개 올려 놓은 이미지로 약간 둥근 형태로 가리키면 보다 여성스러운 인상을 줄 수 있다.

양손으로 반원을 그리듯이 건넨다

서류 등을 상대에게 건넬 때는, 우선 상대가 읽기 쉬운 방향으로 정돈하고 나서 서류의 끝을 양손으로 쥐고 건넨다. 그때 상대의 정면에서 불쑥 내미는 것이 아니라, 천천히 반원을 그리듯이 건네는 것이 좋은 인상으로 남는다. 또 물건을 받을 때도 한 손이 아니라 양손으로 받는 것이 기본이다.

작은 소품 건넬 때도 배려가 느껴진다

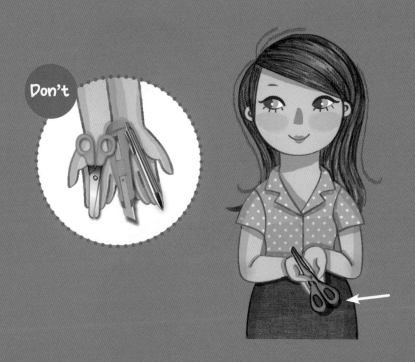

작은 소품을 건넬 때도 한 손이 아니라 양손으로 들고, 건네는 순간에 상대가 잡기 쉽도록 한 손을 뗀다. 손잡이가 있는 것은 받기 쉽게 손잡이를 상대 쪽으로 향한다. 즉 가위나 펜을 건넬 때는 칼날과 펜 끝부분을 상대가 아닌 자신 쪽으로 향해서, 상대방이 손잡이 부분을 잡을 수 있도록 건넨다.

고개를 꺾어 가며 통화하지 않는다

Don't

겨드랑이를 붙이고 양손을 사용해서 휴대전화를 받으면 품위 있게 보인다.
손바닥으로 꽉 쥐고 통화하는 모습보다 손가락의 첫 번째 관절로 전화기의
측면을 잡고 통화하는 것이 단연코 우아하고 여성스럽다. 상체를 숙이지
않고 등을 곧게 펴는 자세는 이때도 빼놓을 수 없다.

귀걸이를 잡아 빼지 않는다

귀걸이를 뺄 때는 오른쪽 귀에 걸고 있는 귀걸이는 왼손으로, 왼쪽 귀에 착용한 귀걸이는 오른손으로 뺀다. 이렇게 자신의 몸을 감싸 안는 듯이 손을 교차시키면 훨씬 여성스럽고 섹시해 보인다. 귀를 뚫어야 할 수 있는 귀걸이는 모두 이렇게 뺄 수 밖에 없으므로 괜찮지만, 클립이나 나사로 귓볼에 부착하는 논피어싱 귀걸이를 뺄 때 각별히 신경을 쓰자.

머리를 귀 뒤로 넘길 때 매력을 발산한다

Don't

많은 여성들이 머리카락을 귀 뒤로 넘길 때 손바닥을 편 채 엄지 손가락만 사용해서 넘기는 것을 볼 수 있는데, 이제부터는 엄지와 검지의 손가락 끝으로 넘기자. 이때도 나머지 손가락을 펼치지 말고 하나로 모으듯이 만든다. 남자와 나란히 앉았을 때는 남자 옆에 있는 손으로 넘기면 유혹적이다.

생리 현상도 품위 있게 처리한다

한창 회의 중이거나 식사 자리에서 재채기가 나올 것 같은 때는 사람이 없는 쪽을 향하든지, 아래쪽을 향한 채 양손으로 입을 막고 한다. 가능한 한 큰 소리를 내지 않도록 주의한다. 재채기, 하품 등 남에게 보이고 싶지 않은 모든 몸동작은 얼굴을 사선으로 돌리고 하면 상대에 대한 배려가 느껴진다.

손목 시계를 보는 모습이 남다르다

팔을 쭉 뻗어 손목을 돌려가며 팔꿈치를 90도로 꺾은 후 시계를 보는 것은
남자들에게 어울리는 몸짓이다. 여자의 시계 보는 법은 여성스러움을 잃지
말아야 한다. 그러기 위해서는 시계를 볼 때 겨드랑이를 붙인 채 팔꿈치를
구부려 손목시계를 가슴 부근으로 가져온다. 반대쪽 손을 시계에 살짝 대면
서 문자판으로 시선을 떨어뜨리면 더욱더 고상하게 보인다. 우아해 보이는
작은 동작의 포인트는 팔꿈치를 붙이고 팔을 크게 움직이지 않는 것이다.

비 오는 날도 우산 드는 법이 다르다

우산대를 어깨에 걸치거나 얼굴이 보이지 않을
정도로 낮게 들지 말고 똑바로 세워서 드는 것이
예쁘게 보인다. 이때도 겨드랑이는 붙이고 다른
쪽 손을 사용할 수 있으면 가볍게 덧대서 손잡이
를 양손으로 잡는다. 우산을 빙빙 돌리거나 흔들
어서 빗물이 튕기지 않도록 주의한다.

여우 짓은 못해도 여우 손으로 집는다

책상 위의 수첩을 집거나, 명함 지갑을
잡거나 할 때는 그림자 놀이의
'여우 손'을 만드는 것처럼 한다.
손끝을 가지런히 해서 중지와 약지를
사용해서 집으면 우아하게 보이는
것뿐만 아니라, 물건을 중요하게
다루고 있다는 인상을 준다.

글씨를 쓸 때도 양손을 사용한다

오른손으로 글씨를 쓰면 왼손은 종이의 왼쪽 아래에 부드럽게 댄다. 펜을 들지 않은 쪽의 손은 아무렇게나 내려놓는 것이 아니라, 손끝을 가지런히 해서 아래 쪽에 덧대면 자연스럽게 자세가 정돈되고, 글씨 쓰는 자세가 기품 있어 보인다. 작은 메모지에 기록할 때도 마찬가지다.

한 손을 문에 덧대서 열고 닫는다

문 손잡이만 잡고 한 손으로 문을 열고 닫는 것은 거친 인상을 준다. 손잡이를 돌리면서 다른 한 손을 문에 덧대서 조용하고 천천히 열고 닫으면 문소리도 나지 않고 우아해 보인다. 문을 열고 들어가면 안에 있는 사람에게 엉덩이를 보이지 않도록 옆으로 서서 양손으로 문을 닫는다.

물건 줍는 포즈가 예사롭지 않다

떨어뜨린 것을 주울 때 생각 없이 털썩 주저 앉
아서 주으면 인상이 엉망이 된다. 등을 쫙 펴고
양 무릎이 열리지 않도록 주의한다. 시선은 물건
을 손으로 잡을 때만 내리깔고, 줍고 나서는 허
벅지의 힘을 이용해서 벌떡 일어난다.

먼저 떨어뜨린 물건 옆에 평행으로 선다. 그때
발끝은 정면을 향한 채 양 무릎을 가지런히
하고, 집는 것과 반대 방향으로 무릎을
비틀면서 허리를 숙인다. 즉, 물건으로 몸을
향하는 것이 아니라 얼굴만 떨어진 물건을
바라보는 자세를 취한다.

주운 물건을 상대에게 건넬 때는 줍자마자 바로
건네지 말고 일단 자신의 명치
앞으로 끌어당긴 후에
양손의 첫 번째 관절로 잡아서
상대에게 건넨다.

허리와 등을 펴서 새우등이 되지 않도록
신경 쓴다. 떨어뜨린 물건을
손끝을 가지런히 해서 살짝 집는다.
등을 쫙 편 채로 일어나면 예쁘다.

Don't

엉덩이를 잔뜩 올리고
양 무릎이 열린 채
물건 정면으로 엉거주춤하게
몸을 숙이는 자세는
보기에 흉하다.

Daily Attitude Lesson 37

재킷을 입고 벗는 방법을 안다

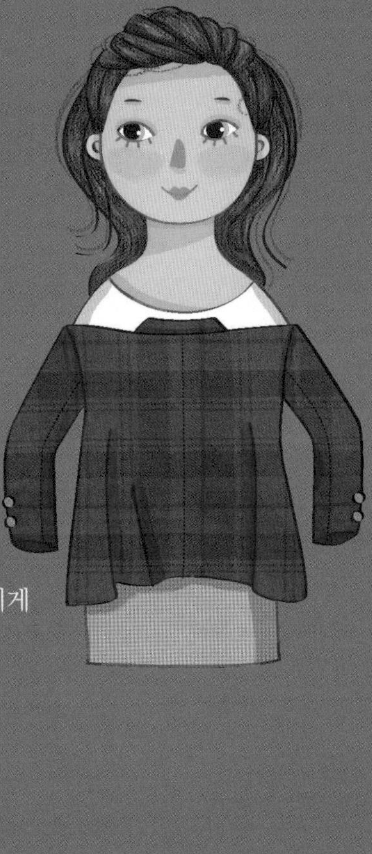

상의를 입을 때 한쪽 팔을 크게 올려서 재킷을 뒤집어 쓰듯이 소매를 끼워 입는 모습은 칠칠 맞지 못하게 보인다. 한쪽씩 팔을 넣어서 입고 난 후 깃 주위를 정돈하면서 마무리 한다.
재킷이나 코트와 같은 상의를 벗을 때는 양어깨부터 동시에 벗는 것이 아니라 한쪽 팔을 먼저 벗는다.
벗을 때의 포인트는 상의 안쪽을 상대방에게 보이지 않도록 주의하는 것이다.

입을 때

왼손을 소매에 끼운다.
이때 오른손으로 왼쪽의
네크라인을 잡고
상의를 왼쪽 어깨로
끼듯이 한다.

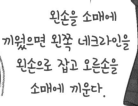

왼손을 소매에
끼웠으면 왼쪽 네크라인을
왼손으로 잡고 오른손을
소매에 끼운다.

왼손으로 왼쪽 네크라인을
당기면 오른손을 오른쪽 소매에
끼우기 쉬워져 입기 쉽다.

벗을 때

처음에 왼쪽 어깨부터 상의를
벗었다면 왼쪽 소맷부리를
등 쪽에서 오른손으로
잡아당겨서 왼쪽 팔을 벗는다.

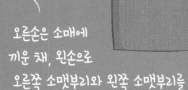

오른손은 소매에
끼운 채, 왼손으로
오른쪽 소맷부리와 왼쪽 소맷부리를
잡고 당긴다.

왼손으로 오른쪽 소매와 왼쪽
소매를 잡고, 오른손으로
네크라인을 잡으면 깔끔하게
접을 수 있다.

재킷 접은 모습으로 반듯한 인상을 전달한다

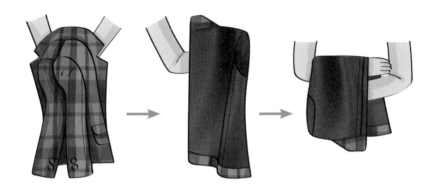

벗은 상의의 양어깨에 손을 넣고 손바닥을 마주하듯이 양어깨를 맞춘 후, 한쪽 어깨로 다른 한쪽의 어깨를 눌러 넣듯이 안감을 바깥으로 빼낸다. 그렇게 하면 자연스럽게 안감이 밖으로 나온 상태로 세로로 절반이 접혀진다. 형태를 가지런히 하고 그대로 둘로 접으면 마무리 된다. 이렇게 재킷과 코트를 뒤집어서 접는 것은 바깥의 더러움을 실내에 가지고 들어오지 않는 배려의 의미도 포함하고 있다.

코트를 들고 있는 모습에 분위기가 있다

핸드백을 들고 있는
쪽 팔에 가볍게
정리!

벗은 상의는 깔끔하고 예쁘게 접은 후에
핸드백을 들고 있는 쪽 팔에 가볍게 정리
해서 건다. 허리 옆 부근에서 들면 세련되어
보인다. 특히 코트는 건물에 들어가기
전에 미리 벗는 것이 매너다. 아무리
춥다고 해도 실내에 코트를 입고 들어가지
않도록 한다.

벗은 상의를 정돈해서 놓을 줄 안다

벗은 상의는 의자 등받이에 걸치는 것이 아니라 잘 정돈해서 자신의 옆이나 의자 위에 놓는 것이 매너다. 하지만 그럴 수 없는 부득이한 상황에서는 어쩔 수 없이 의자 등받이에 걸어야 하는데, 그때는 안감이 바깥 쪽으로 나오게 접어서 깃 부분이 자신의 쪽으로, 소매가 바깥 쪽으로 향하도록 걸친다.

펜을 돌리며 이야기를 듣지 않는다

이야기를 하고 있을 때 눈앞에서 펜을 돌리고 있는 사람을 보면 불쾌해지고, 더 이상 말할 기분이 나지 않게 된다. 볼펜 머리를 눌렀다 뺐다 하면서 계속 딸깍딸깍 소리 내는 행동도 마찬가지이다. 이런 동작은 무의식중에 하고 있는 경우가 대부분이라서 본인은 의식하지 못한다는 점이 안타깝다.

머리카락을 돌돌 말지 않는다

무의식적으로 하고 있는 여성이 거의 대부분으로 침착하지 못한 인상을 남기는 동작이다. 다른 사람과 있을 때에 머리를 만지고 있으면 불결할 뿐 아니라, 상대방 쪽에서는 자신의 이야기가 '지루한가?' 라는 걱정을 하게 된다. 머리카락을 꼬거나 돌돌 말아 올리는 동작도 되도록 피하는 것이 좋다.

지루하고 따분하게 턱을 괴지 않는다

상대방 앞에서 머리를 얹은 듯이 무겁게 턱을 괴고 있으면 피곤하고 지루하다는 뜻으로 해석되는 경우가 많다. 또 상대방 이야기에 관심이 없는데 있는 것처럼 보이고 싶을 때 가볍게 턱을 괼 때가 많다. 어떻게 해도 턱을 괴고 싶다면 고개를 갸우뚱 기울이고 손바닥이 아니라 손등을 턱에 받쳐서 괴도록 한다. 이렇게 하면 여성스럽고 섹시한 몸짓으로 보일 수 있다.

아무 데서나 쪼그리고 앉지 않는다

다리가 아프다거나 피곤하다고 계단 또는 길가, 편의점 앞 등에 쪼그리고 앉는 것은 꼴사나울 뿐 아니라 비위생적이기도 하다. 또 편의점이나 가게 문 앞에 서서 이야기하는 것은 가게에 들어가려는 사람이나 지나다니는 사람에게도 방해가 되는 민폐녀들의 행동이다.

습관적으로 팔짱을 끼지 않는다

팔짱을 끼는 것은 상대방과 거리감을 나타내는 몸짓일 뿐 아니라, 타인에 대한 거절의 신호로 여겨지는 경우도 있으므로 좋은 인상을 주기 어렵다. 상대방과 이야기할 때 팔짱을 끼는 것은 마음을 열고 있지 않다는 표현이기 때문에 매우 실례되는 자세다.

방정맞게 다리를 떨지 않는다

의자에 앉았을 때 긴장해서 스트레스를 심하게 느끼거나 안절부절 못하면 다리를 달달 떨거나 흔들흔들대거나 뮬의 뒤꿈치를 탁탁거리기 쉬운데, 상대방에게 불쾌한 기분을 가져다주는 대표적인 버릇들이다. 제발 옆에 있는 사람까지 불안하게 만들지 말자.

관람 매너부터 익히고 티켓을 예매한다

음악회, 오페라, 뮤지컬, 발레 등 클래식한 공연을 보러 갈 때는 서로 즐거
운 공간과 시간을 공유할 수 있도록 그 자리에 어울리는 품행을 몸에 익히
자. 드레스 코드에 맞는 옷이 없다고 하더라도 너무 캐주얼한 복장은 피하
고, 평소보다 조금 격식 있는 스타일로 연출하면 공연장에 잘 어울린다.

지각했을 때
공연 시간에 늦었다면 1막이 끝날 때까지 기다린 후
입장한다. 직원의 안내로 입장할 수 있는 경우에는 허
리를 낮게 굽히고 빠른 걸음으로 자리를 찾아 앉는다.

좌석에 앉는 법
공연장은 보통 좌석 사이가 좁기 때문에
이동할 때 조심한다. 한가운데 좌석인 경우는
조금 미리 가서 앉도록 한다. 쉬는 시간에도 다른 사람
들보다 빨리 돌아와 착석하자.

너무 캐주얼한
복장은 피한다!

먼저 앉아 있는 사람 앞을 지나가야 할 때
앉아 있는 사람에게 엉덩이를 향하는 것은 실례다. 가
능한 한 엉덩이를 보이지 않도록 하고 "실례합니다."라
고 말하며 지나간다.

뒷자리 사람에게 배려

앞사람이 모자를 쓰고 있으면 무대가 보이지 않는 경우도 있다. 일단 자리에 앉으면 모자를 벗어서 뒤에 앉은 사람에 대한 배려를 항상 잊지 않도록 한다.

박수 치는 법

오페라

공연 도중이라도 아리아(독창) 등 감동적인 장면 후에 박수를 친다. 공연 도중의 박수는 타이밍이 중요하다. 처음인 사람은 주변 사람과 맞춰서 치면 된다. 남성 가수에게는 '브라보', 여성 가수에게는 '브라바' 라고 구호를 외친다.

발레

공연 중에 박수를 쳐도 괜찮다. 타이밍을 잡지 못할 때는 독무가 끝난 후나 주역이 등장했을 때에 박수를 친다. 커튼콜에서도 아낌없는 박수로 감동을 표현한다.

클래식 콘서트

보통 전곡의 연주가 끝난 후에 박수를 친다. 한 악장이 끝났을 때 치지 않도록 주의한다. 자칫 무대 분위기를 망칠 수도 있다.

휴대전화는 매너 모드나 무음
아무 것도 안 된다. 전원을 끄지
않으면 관람 자격이 없는 것이다.
입장하기 전에
꺼두는 것이 좋다.

조용한 공연장에서는
작은 소리가 주변과 공연에
방해가 되기도 한다. 핸드백
속에서 바스락바스락 무언가를
찾거나 기침이나 재채기를
반복하는 등의 민폐를
끼치지 않는다.

공연 중에는 들어갈 수 없는 곳도
있기 때문에 멋대로 객석에 들어가서
자리를 찾는 것은 절대로 안 된다.
직원에게 늦은 것을 알리고 안내에
따른다. 주변 관객에게 방해되지
않도록 허리를 굽혀서 자리에
살짝 앉는다.

아직도 공연장에서 먹고 마시는
사람이 있단 말인가? 영화관이
아니라는 점을 잊지 말자.
공연 시간이 긴 경우 시작 전에
가벼운 간식을 먹어 두면 좋을 것이다.

붐비는 지하철을 탈 때 세심하게 행동한다

출퇴근 시간이나 매우 혼잡한 지하철 안에서는 주변 사람들에 대한 배려가 무엇보다 중요하다. 서로 남들을 조금만 더 의식하면 화장을 하거나 이어폰 소리가 밖으로 새어 나오거나, 출입구를 막아 서 있거나 큰 소리로 통화하는 모습은 찾아 보기 힘들게 될 것이다.

앉는 법

다리를 벌리고 앉는 것은 언제든 흉하다. 무릎을 모아서 옆으로 기울이지 말고 똑바로 세워 앉는다. 다리를 꼬거나 앞으로 쭉 뻗어서 앉는 것도 다른 사람에게 방해가 된다. 가방이나 짐은 무릎 위에 세워서 올리고 양손은 가방 중앙에 가지런히 놓으면 우아해 보인다.

서는 법

손잡이를 잡고 있을 때도 등을 똑바로 편다. 난간에도 기대지 않는다. 발끝을 조금 벌리고 다리를 앞뒤로 겹치지 않게 놓으면 흔들리지 않고 설 수 있다. 손잡이를 잡을 때는 체중을 싣지 않고 무릎을 앞으로 향하게 잡는다. 무릎을 옆으로 벌려서 공간을 차지하지 않도록 주의한다.

비 오는 날 젖은 우산

타기 선에 빗빙울을 잘 털어내고 접는다. 빗방울을 털 때는 우산을 위아래
로 작게 흔드는 것이 매너다. 우산을 접으면 반드시 끈으로 채워서 자기 몸
에 가까이 든다. 팔에 걸면 우산 끝이 주변 사람에게 닿는 경우도 있으므로
주의한다.

자리 양보가 미묘할 때

노인인지 아닌지, 임산부인지 뚱뚱한 건지…… 자리를 양보하는 것이 맞
는지 아닌지 헷갈릴 경우는 상대방에게 묻지 말고 그냥 내리는 척하면서
자리에서 일어나 그곳을 떠난다. 당연히 양보해야 할 때 조용히 일어서서
"여기 앉으세요."라고 한마디 건네며 양보한다.

타고 내릴 때

만원인 상태에서 내릴 때는 아무 말도 없이 사람을 막 밀어젖히면서 내리
는 게 아니라 "실례합니다. 내립니다." 등의 한마디를 한다. 문 근처에 서
있을 때는 내리는 사람에게 방해가 되지 않도록 일단 내렸다가 다시 타는
등의 배려를 한다.

Do

너무 졸릴 때는 무릎 위에 올려 둔 핸드백을
양손으로 쥐고 머리를 약간 숙인
모습으로 귀엽게 존다.

타기 전에 빗방울을 잘 털어서 접는다.
우산을 접으면 반드시 끈으로 채워서
자신의 몸에 가까이 둔다.

Don't

피곤해서 지하철에 앉아서 조는 것은 어쩔 수 없지만,
입을 헤벌리거나 머리를 쾅쾅 박으며 조는 모습은 흉하다.
피곤할 때는 앉지 않는 것도 하나의 방법이다.

다리를 벌리고 앉는 것은 언제든 흉하다.
가방이나 짐은 무릎 위에 세워서 놓고
양손은 가방 중앙에 가지런히 놓으면 우아하게 보인다.

난간에 기대지 말고
등을 똑바로 펴고 선다.

택시를 잡을 때도 공공 의식을 탑재한다

택시를 잡을 때는 빈 차를 확인하고 나서 손을 올린다. 버스 정류장, 교차로, 횡단보도 등 주차금지 장소가 아닌 곳에서 잡거나 내린다. 혼잡한 도로에서는 차가 멈춰도 위험하지 않은 장소에서 잡는다. 탈 때나 내릴 때에 운전사에게 인사를 건네면 훨씬 느낌 좋은 승객이 될 수 있다.

> 손은 얼굴 부근에서 올리고 손가락은 모을 것!

택시를 잡을 때 손은 얼굴 부근에서 올리고 손가락은 모은다. 만약 소극적인 자세로 잡는다면 밤새도록 서 있어야 할지도 모르니 택시 기사에게 잘 보이게 팔을 든다. 휘파람을 불거나 고함을 쳐서는 안 된다. 또 한 가지, 차례는 반드시 지킨다. 택시를 잡으려고 먼저 서 있던 사람을 무시하고 타면 시비가 붙을 수도 있다.

손을 크게 흔들어 잡는 것은
품위 없게 보이니 주의한다.

핸드백이나 우산을 들고
있지 않은 손을 올린다.
짐으로 흔들지 않는다.

차도에 몸을 내밀지 않는다.
언제 어디서나 아름다운
자세를 의식한다.

비행기나 열차를 탈 때 개념과 함께 탑승한다

비행기나 열차의 창가 자리에 앉는 경우 화장실에 간다고 일어설 때나 식사나 음료를 건넬 때 등 옆사람에게 신세 지게 될 일도 있을테니 웃는 얼굴로 눈인사 정도는 가볍게 해 둔다. 또 자리에서 일어나 나가야 할 때 가랑이를 벌리고 옆사람을 지나게 되는데 "실례하겠습니다." 라는 한마디는 반드시 건네자.

휴대전화

조용한 열차 안에서 주변 사람들이 통화 내용을 다 알 수 있도록 통화하는 것은 몰상식한 행위다. KTX와 같이 열차 내에서의 통화는 객차와 객차 사이에 나와서 한다. 비행기의 경우는 휴대전화의 전파가 비행기에 영향을 줄 위험이 있기 때문에 반드시 전원을 끈다.

시끄러운 손님이 있으면

큰 목소리로 얘기하는 사람들이나 옆에 부모가 있는데 막 돌아다니는 어린 아이나 우는 아이 등 너무 시끄러워서 불편할 때는 차장이나 객실 승무원에게 상황을 말해서 주의시키도록 하자. 자기가 직접 주의를 주는 것보다는 분쟁의 소지도 없이 끝낼 수 있다.

"거기 제자리인데요."라고 딱 잘라 말하지 말고, "죄송하지만 좌석번호가
몇 번입니까?"라고 물어서 본인에게 맞는지 아닌지 확인하는 방법이 가장
좋다. 자신이 잘못 앉는 경우에 대비해서 표는 바로 꺼낼 수 있는 곳에 둔다.

좌석을 뒤로 젖힐 때

좌석을 뒤로 젖힐 때는 "의자 좀 젖혀도 괜찮겠습니까?"라고 뒷사람에게
먼저 확인을 받은 후 젖힌다. 내릴 때 좌석은 원위치로 되돌려 놓는다. 비
행기에서는 앞사람 시트가 젖혀져 있으면 일어나기 힘들지만, 그래도 자신
의 팔걸이에 손을 집고 일어나면 의외로 쉽게 설 수 있다.

엘리베이터 문이 열렸다고 바로 타지 않는다

엘리베이터에서 평소 배려가 몸에 밴 여성은 언제나 타러 오는 사람을 확인한다. 탈 사람이 있는 경우에는 열림 버튼을 누르고 탈 때까지 기다린다. 많은 사람이 탈 때는 먼저 탄 사람이 모두 들어올 때까지 열림 버튼을 누른다.

버튼 눌러 줄 때
엘리베이터 안이 혼잡하거나 위치 때문에 버튼을 누르기 힘든 사람이 있으면 "몇 층 가십니까?"라고 묻고 대신 눌러 준다. 자신이 버튼을 누를 수 없는 상황에서는 버튼 가까이 있는 사람에게 "실례합니다만, ○○층 좀 눌러 주시겠습니까?"라고 부탁한다. 눌러 주면 "고맙습니다."라고 웃는 얼굴로 감사 인사를 전한다.

내릴 때
혼잡할 때는 주위 사람에게 "실례합니다. 내리겠습니다."라고 한마디 말한다. 엘리베이터 문 근처에 서 있어서 내리는 사람에게 방해가 될 경우에는 지하철과 마찬가지로 일단 내렸다가 다시 탄다.

인원 초과 벨이 울렸을 때

원래 사람을 안내할 때 기본은 '먼저 타고 나중에 내리는' 것이지만, 엘리베이터가 붐벼서 인원 초과 벨이 울릴 것 같은 상황에서는 상대를 먼저 타게 하는 배려가 필요하다. 자신이 탔을 때 인원 초과 벨이 울리면 당황하지 말고 신속히 내리면 된다.

화장실에는 흔적을 남기지 않는다

별 생각 없이 사용하던 화장실에서도 조금만 신
경 쓴 사소한 배려로 다른 누군가에게 좋은
기분을 선물할 수 있다. 세면대를 사용한
후에는 머리카락이나 화장품 가루가 떨어져
있다거나 물이 튀어 있지 않도록 종이 타월로
손을 닦고 나서 세면기 안과 주변 물기도
제거하는 것이 뒷사람을 위한 배려다.
남의 집에 갔을 경우 화장실에 휴지통이
없다면 쓰레기는 핸드백에 넣어서 가져간다.

세면기 안과
주변 물기를 제거하는 것이
뒷사람을 위한 배려!

공중화장실에서 전화 통화는 삼가는 것이 좋다.
전화 목소리나 내용이 신경 쓰여서
차분하게 있을 수가 없다. 양변기의
뚜껑은 사용 후에 반드시 닫아야 한다.
생리대 버리는 통이나 휴지통 등 뚜껑이
있는 모든 것은 사용 후 닫는다.

옷을 주섬주섬 정리하면서 나오거나,
손의 물기를 탁탁 털거나 손을 닦으면서
나오는 행동은 아줌마스럽다. 매무새 정리는
화장실 안에서 확실하게 끝마친다.

병원은 자기만 아파서 가는 곳이 아니다

병원은 다양한 증세를 가진 사람들이 오는 곳이다. 주변에 불쾌감을 주지 않도록 조심한다. 진찰을 받을 때는 의사에게 증상을 명확하게 말하는 것도 중요하다. 의사나 간호사에게는 경어 사용이 기본이다. '치료해 주는 게 당연하다' 는 태도로는 결코 환영 받을 수 없다. 메이크업은 가벼운 정도로 하고, 옷은 입고 벗기에 간편한 것으로 입으면 시간을 절약해서 다른 환자에게 민폐가 되지 않는다. 치과에 가기 전에는 이를 깨끗이 닦고 립스틱은 지우고 파운데이션은 티슈로 눌러두는 것이 원만한 진료를 위해 좋다.

치과에 가기 전 파운데이션은 티슈로 눌러두는 센스!

다른 환자와 의사의 평판이나 병세에 대해 이야기하는 일은 피한다. 큰 목소리를 내지 않는 것도 기본이다. 휴대전화는 전원을 끄는 것이 매너지만, 대기 시간이 길어져 게임을 하거나 동영상을 볼 때는 무음 상태나 이어폰을 낀다.

Don't

조용히 차례를 기다리되 앉아서 기다려야 한다.
아무리 아파서 괴로워도 의자에 누워 기다리는 것은
다른 이의 눈살을 찌푸리게 하는 행동이다.

판매원 앞에서 갑질하지 않는다

상점에 들어갈 때는 "안녕하세요?" 상점을 나올 때는 "또 오겠습니다." "잘 봤습니다." 등 웃는 얼굴로 점원에게 인사를 건넨다. 아무리 손님 입장이라고 해도 판매원에게 감사하는 마음이 관계의 기본이다. 다른 손님의 쇼핑을 방해하지 않도록 배려하는 것도 필요하다.

상품을 선택할 때

다른 손님이나 통행인의 방해가 되지 않도록 한다. 좁은 통로에 진열된 상품을 볼 때는 뒤를 지나가는 사람에게 배려하는 것이 기본이다. 상품 선택에 몰두해서 통로를 막아서는 안 된다. 선반의 낮은 위치에 있는 상품을 볼 때는 그놈의 엉덩이를 뒤로 내밀지 않도록 주의한다.

입어 볼 때

옷을 입어 볼 때는 반드시 점원에게 말한다. 멋대로 상품을 가지고 탈의실에 들어가면 안 된다. 속옷류를 입어 볼 경우에는 겨드랑이나 등의 땀을 닦는 것이 매너다. 입어 보고 사지 않을 때는 "사이즈가 맞지 않네요." "입어 보니 생각했던 것과 다르네요."라고 솔직하게 이유를 말해도 실례가 되지 않는다.

Don't

상품을 독점하지 않도록 주의한다.
한 번에 입어 보는 것은
2~3벌 정도로 생각하자.

FITTING ROOM

입어 본 옷은 너무 깔끔하게 정리하지 말고,
지퍼나 버튼을 바로잡는 정도로
가볍게 정돈해서 돌려준다.
세세한 것은 점원에게 맡겨도 괜찮다.

입어 본 옷을 더럽히지 않도록 한다.
입어 보기 전에 립스틱이나
파운데이션은 티슈로 눌러둔다.

Date
Attitude Lesson

데이트 애티튜드로 남자를 유혹한다

드디어 기다리던 데이트다. 이때 데이트 애티튜드를 갖추고 있으면 자신감 있는 모습으로 상대에게 어필할 수 있다. 자신감은 당신을 훨씬 매력적으로 보이게 해 준다. 보고 또 보고 싶은 여자는 조각 같은 미모의 여성이 아니라 따뜻한 배려가 몸에 밴 여성이다. 평상시 자신의 애티튜드를 연마해 두자. 누구도 거부할 수 없는 매력적인 몸짓이 데이트의 성공을 가져다 줄 것이다. 레스토랑에 가거나, 드라이브를 하거나, 놀이공원을 가거나…… 언제 어디서 상대방과 만나든지 간에 맨 처음 얼굴을 보게 되면 눈에는 상냥함을 담고 입꼬리가 올라간 표정으로 "오늘 이렇게 시간 내줘서 고마워." 라고 말한다. 이 한마디로 데이트의 기대감과 설레임을 솔직하게 전하고 시작한다.

데이트 시간의 거의 대부분은 먹고 마시는 걸로 채워진다. 평소 인품을 체크하기 딱 좋은 장소이기도 하다. 그가 안내한 음식점에 들어서면 그곳을 선택한 센스를 칭찬한다. 그러면 식사하는 내내 즐거운 기분이 고조될 수 있다. 요즘엔 특히 음식점 정보가 많다 보니 모두 파워 블로거 같은 말을 하는 경우가 많다. 설사 자신이 아는 집이라고 해도 "이 집, 생각보다 맛있네."라는 둥 음식 맛에 정통한 척 말하는 것은 밥맛뿐 아니라 당신의 호감도를 동시에 떨어뜨리게 된다는 점을 명심하자.

당신의 희망 사항은 대화가 끊기지 않을 정도로 화제가 풍부한 남자를 만나는 것이겠지만, 남자도 역시 침묵의 시간이 두려워 그런 여자를 기대할 수 있다. 대화가 끊어져 어색해질 때는 자신이 먼저 말문을 열어 화젯거리를 꺼내 보자. 그가 이야기를 시작하면 적당히 맞장구 쳐준다. 때로는 만난 상대가 과묵하고 진중한 남자일 수 있다. 그를 배려할 작정으로 그가 말할 때까지 입을 꼭 다물고 있으면 센스 없고 둔감한 여자라는 인상을 남길 수 있다.

데이트룩에서도 배려가 느껴진다

거울 앞에서 몇 시간이고 공들여 입은 티가 나도 곤란하지만 너무 무성의한 차림은 교양 없게 보인다. 신경 써서 옷을 차려입되, 지나치게 멋을 내지는 않은 느낌을 주는 것은 데이트 룩을 떠나 우아함을 표현하는 '무심한 듯 시크한' 스타일의 기본이다.

커플룩이 아니라 둘이 섰을 때 어울림이 있는 옷차림이 훨씬 세련되게 보인다.
그 남자가 무엇을 입고 나올지 최대한 감안해서 선택해 보자.

Don't

스모키한 눈화장, 새빨간 립스틱과 같이
너무 화려한 메이크업도 노 메이크업도 안 된다.
깔끔하게 보이는 내추럴 메이크업이 기본이다.

너무 진한 향기도 좋은 인상을 주기 어렵다.
특히 식사하러 갔을 때 과도한 향기는
음식 본연의 향을 방해할 수 있으므로 신경 쓴다.

뮬이나 샌들처럼 맨발이 드러나는 구두를 신을 때
각질 관리는 필수이다. 깔끔한 화장에 멋진 옷을 입었다고 해도
허옇게 일어난 발뒤꿈치가 보이는 순간 알짤없다.

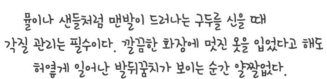

상냥함으로 아우라를 풍긴다

표정이 밝은 사람은 주위의 공기까지 밝게 만든다. 마음이 담긴 표정은 입가가 아니라 눈가에서 전달된다. 입에 마스크를 쓰고 있어도 미소 짓는 것이 느껴질 정도가 진정한 웃는 얼굴이다. 절대로 하루 아침에 이루어지지 않는다. 그 사람을 떠올리면서 평소에 연습해 두자.

밝게 웃는 얼굴이야말로 가장 화려한 액세서리다.

명하니 있는 상태에서 입꼬리가 여덟 팔자
八 모양으로 내려가 있지 않은지, 미간에 주름이
잡혀 있지 않은지 주의한다.

이야기에 집중하면 아무래도 입이 벌어지기 쉬운데, 무의식중에 입을
벌리고 있으면 멍청하게 보이기 쉽다. 입꼬리는 올리려고 의식하지 않
으면 올라가지 않는 부분이다. 항상 의식해서 입꼬리를 올리는 습관을 들
이자.

111
Women's Attitude Lesson

눈빛으로 마음을 전달할 수 있다

상대방의 눈을 보고 이야기하는 것은 기본이지만, 계속 뚫어지게 바라보면 공격적이라고 느껴질 수 있다. 대화 중의 아이컨택은 7:3의 비율로 조절한다. 이야기 중의 30%는 상대방의 눈에서 시선을 떼고 뺨이나 코끝으로 시선을 돌리는 것이 좋다.

때때로 살짝 내리까는 시선은 여성스러움을 어필하는 비결이 된다.

눈 : 7

뺨, 코끝 : 3

시선을 두리번두리번 움직이면 자신감이 없는
사람으로 여겨진다. 또 눈동자가 옆을 보는 것처럼
상대방에게 흰자위를 많이 보이면 불신감을 갖게 한다.

눈의 움직임이 둔하거나 약간 처진 눈꺼풀로 눈이 가려져 있으면 상대
방에게 자신의 감정을 전달하기 어렵다. 상대방의 눈을 바라보는 것
이 불편한 사람은 상대의 눈꺼풀 아래쪽에 초점을 둔다. 성숙한 여인
으로 보이는 효과도 있다.

팔짱을 끼고 걸을 때 다른 보행자를 배려한다

남자가 자신의 팔을 접으며 팔짱을 끼라고 제안하면 손을 넣어 팔 아래를 가볍게 잡는다. 남자가 무겁다고 느끼지 않도록 살짝 달라 붙는 듯한 느낌으로 팔짱을 끼는 것이 좋다. 남자 친구에게만 잘 보이면 된다는 듯 팔짱을 끼고 걷느라 다른 보행자의 통행을 방해하는 것은 상식 밖의 행동이다. 주변 상황에 대한 배려는 늘 몸에 배어 있어야 한다.

손만 걸치는 것이 아니라
몸을 살짝 기대듯이
팔짱을 낀다.

Don't

남자를 연행하는 것처럼
끌어가는 듯이 팔짱을
끼지 않는다.

팔짱을 끼고 걸을 때
남자에게 너무 기대면
균형이 깨진다.

어깨 위에 팔을 걸치거나
손을 남자의 바지 뒷주머니에 찔러 넣는 것은 보기 흉하다.

손깍지를 성급하게 끼지 않는다

가까이 붙어서 걷다 보면 서로의 손등이 살짝살짝 부딪히게 된다. 이렇게
서로의 손이 계속해서 스치게 되면 자연스럽게 손을 잡게 되는데, 손을 잡
을 때도 여성스럽고 사랑스러운 느낌을 주려면 손가락을 가볍게 가지런히
잡으면 된다.

팔짱을 낀 다음에 손을 잡고,
친밀도가 깊어진 후에
손깍지를 낀다. 접촉하는
면적이 늘어나면서 애정이
새록새록 깊어지게 된다.

Don't

손을 잡을 때 손깍지를 끼는 것은
친밀감이 깊어진
다음에 해야 하는 행동이다.

남자를 리드하는 것이 아니라
남자에게 리드당하고 있다는
느낌으로 손을 잡아야 한다.

초등학생 단짝 친구끼리 손을 잡은 것처럼 나란히 서서 손을 잡고 심
지어 흔들기까지 하면 몹시 유치해 보인다.

가까이 앉아서 친밀감을 높인다

테이블이 작은 커피숍은 상대방과 가까워질 수 있는 최적의 장소이다. 작은 테이블을 사이에 두고 얼굴이 붙을 정도의 가까운 거리에서는 자연스럽게 친밀도가 높아진다. 테이블이 큰 경우에는 정면으로 마주앉기보다 'ㄱ자'나, 'ㄴ자'가 되도록 45도 대각선으로 앉는 것이 최상이다.

상대방과 정면으로 마주 보고 앉는 것은 의견이 어긋나거나 적대감이 생기기 쉬우므로 대각선으로 앉는 것이 이상적이다.

나란히 앉는 것은 연인이 된 다음에도 충분하다.
아직은 상대의 표정이나 얼굴 생김새를
관찰하는 것이 더욱 중요할 때다.

사람에게는 안정적으로 느껴지는 최적의 거리가 있는데 60cm 정도
라고 기억해 두자. 마주 앉은 상대와의 거리가 60cm 이상 떨어져
버리면 상대는 심리적으로 멀어진 느낌을 받게 되어 친밀감이 형성
되기 어렵다.

그를 향한 마음을 무릎에 담는다

상대방에게 관심이 있으면 의식을 하지 않아도 상반신이 그 사람을 향하게 된다. 이때 상반신과 함께 무릎도 자연스럽게 상대방을 향한다. 다시 말해 상대방의 무릎 방향이 당신을 향한 호의가 있는지 아닌지를 체크할 수 있는 바로미터라는 말이다.

얼굴, 어깨, 무릎, 발끝이 상대를 향해 있도록 한다.

Don't

상대가 싫으면 몸을 한쪽으로 돌리게 된다.
거리가 멀수록, 상대와 공유하는
친밀감은 작아진다.

나란히 앉게 되었을 때 상대방의 무릎이 어느 쪽을 향하고 있는지
살펴보자. 무릎의 방향이 상대와 반대 방향으로
놓여 있으면 관심이 없다는 신호다.

다리를 노출하지 않아도 섹시하다

앉아 있을 때 사람들은 마음에 드는 이성을 향해 다리를 꼬고, 부정적인 인상을 주는 사람에게는 그 사람과 다른 방향으로 다리를 꼬는 경향이 있다. 서 있을 때도 사람들은 마음에 끌리는 상대방 쪽으로 발끝을 둔다거나 그 사람을 향해 다리를 움직인다.

서 있을 때도 마음이 끌리는 상대방 쪽으로 발끝 방향이 향하거나 그 사람을 향해 다리를 움직이게 된다.

팔짱을 끼고
다리를 꼬면
유혹적이라기보다
방어적인 자세로
비친다.

다리를 꼬든 그냥 앉든
다리가 벌어지면 우아해
보이지 않는다.

발가락을 안쪽으로 하는 자세는 위축되거나 부끄러움을 느낄 때 나타난다. 또 발목을 X자로 꼬는 것도 거북함을 표현하는 자세이므로 무의식중에 하지 않도록 주의한다.

음식으로 정을 나눌 줄 안다

음식을 나눠 먹는 것도 스킨십의 일부다. 이를테면 개별로 서비스되는 코스 요리보다 한 접시에 나오는 단품 요리를 주문해 보자. 요리가 나오면 자신이 먹을 것만 덜지 말고 상대방에게 먼저 덜어주자. 한 접시에 나온 요리를 두 개로 나누어 먹는 것도 친밀도를 높이는 포인트가 된다.

Don't

음식을 떠서 입에
넣어 주는 것은 많이
친해지고 나서 해도
늦지 않다.

남자가 먼저 요리를
덜어주면 사양하지 말고
감사히 받아 먹는다.

묵묵히 자신의 요리만을
먹겠다는 자세면
차라리 혼자 먹자.

즐거운 대화는 데이트 식사의 기본이다. 음식 타박이나 다른 사람의 험
담 등 부정적이고, 기분을 가라앉게 하는 말을 하면 매사 불평불만이
가득한 여자로 낙인찍히기 딱 좋다.

계산하는 모습을 빤히 쳐다보지 않는다

상대방이 계산하겠다고 했을 때 "감사해요." "맛있게 잘 먹었습니다."라는 인사말을 건네고 기꺼이 호의를 받아들이는 것도 배려다. 계산할 타이밍이 되면 "화장실 좀 다녀올께요."라고 자연스럽게 자리를 비켜 주는 것도 센스 있는 행동이다.

상대가 계산할 때 바로 뒤에 서서
들여다 보지 말고 가게
밖으로 나가 있거나 떨어진 위치에서
기다린다.

상대방이 계산하겠다고 했을 때 지나치게 사양하면 분위기가 깨
질 수 있다. 얻어 먹었을 때는 "정말 맛있었어요." "여기 또 오고 싶
네요." 등 감사의 인사말이나 느낌을 바로 전한다.

매번 얻어먹기만 하지 않는다

매번 얻어먹기만 하는 것도 비굴하다. "오늘은 제가 계산할게요." "2차는 제가 살게요." 등의 말을 미리 건네고 자연스럽게 계산하는 모습도 우아하다. 자신이 계산할 마음이 있는 경우에는 계산서를 본인이 받아 두거나, 자기 자리 쪽으로 놓아둔다. 밥값을 계산하는 여자의 손은 아름답다.

Don't

남자가 보는 앞에서 카드를 건네며
계산하지 말자.

음식점 밖에서 기다리게 하고 자신이 계산하되, 절대 얻어먹은 것을 대갚음한다는 인상을 주지 않도록 행동한다. 화장실 등 잠시 자리를 비웠을 때 남자가 먼저 계산을 마쳤으면 고집부리지 말고 감사 인사말을 전한다. "다음에는 꼭 제가 계산하게 해 주세요."라는 말로 다음 데이트 약속을 잡는 것도 자연스럽다.

머리나 다리부터 집어 넣지 않는다

남자 친구의 차를 타거나, 택시를 탈 때 엉덩이부터 집어넣어야 우아함을 잃지 않는다. 자동차 시트 옆에서 엉덩이를 먼저 넣고 다리를 가지런히 해서 차 안으로 넣으면 품위 있게 탈 수 있다. 또 내릴 때는 가지런히 모은 다리를 먼저 차 밖으로 내놓고 나서 허리를 세운다. 차를 타고 내릴 때도 기품을 잃지 말자.

스커트가 아닌 바지를 입었을 경우에도 이 요령으로 타고 내리는 것이 교양 있어 보인다.

머리나 다리부터 들어가면
자세가 불안정하게 된다.

특히 남자가 차 문을 열어 줄 때
남다른 자세를 보여줄 수 있도록
연습해 두자.

폭이 좁은 스커트를 입었을 때도
옷차림이 흐트러지는 것을
신경 쓰지 않아도 된다.

드라이브할 때 남자의 차부심을 살려준다

드라이브 데이트에서 운전하는 사람을 섬세하게 배려해 주면 평소의 마음이 더욱 따뜻하게 전달될 수 있다. 운전 중에는 집중력이 요구되므로 방해되는 행동을 하지 않는 것이 최선이다. 장거리를 운전해야 할 경우 사탕이나 껌 등을 준비해서 챙겨 주는 센스를 발휘해 보자.

"저것 좀 봐!" 등으로 놀라게 하거나
큰 소리로 말을 거는 것은
운전에 방해가 될 수 있다.

조수석에 앉아 자지 않는 것은 물론
"운전하느라 피곤하지 않아?" 등
배려의 한마디를 건넨다.

길을 잘못 들어섰다고 핀잔주거나 운전 습관을 나무라는듯 옆자리에서
짜증을 내면, 그 짜증이 운전자에게 전달되는 일도 있으므로 주의한다. 주
차하기 힘든 곳에서는 "내가 나가서 볼까?" 등의 얘기를 건네서 세심
한 마음 씀씀이를 전해 본다.

어떤 상황에서도 짜증을 부리지 않는다

핫한 음식점이나 장소에 가면 사람이 많은 것은 당연한 일이다. 계획한 대로 안 된다고 짜증 내지 말고, 오랫동안 줄을 서 기다리는 동안 상대방과 친밀해질 기회라고 생각하자. 또 함께 차를 타고 갈 때도 길이 막히면 차분하게 이야기할 수 있어 좋다고 말해서 운전자를 편하게 해 주자.

낯선 장소에 익숙하게 적응하려면 사전에 정보 수집을 해 두는 게 가장 이상적이다. 블로그 몇 개 뒤져서 나오는 누구나 아는 정보가 아닐 때 더욱 감동적이다.

요즘 뜨는 이곳을 가보고 싶었어.

예상외로 길이 막히면
운전자는 잘못된 길 선택까지 자책하기 쉽다.
"많이 막히네." 등의 부정적인 말은
입도 뻥긋하지 말자.

대중교통을 이용해 만날 때는 집 근처로 데리러 오겠다면 말리자.
데이트 장소에서 바로 만나는 게 훨씬 어른스러운 여자의 모습이다.

아직 서로 친해지지 않은 상태에서 장시간 줄을 서서 들어가야 하
는 명소에 간다는 것 자체가 부담될 수 있다. 큰맘 먹고 출발했는데
휴관일이거나 없어졌다거나 예상치 못한 일이 벌어질 수 있다. 그런
때 비로소 사람의 본성이 드러나는 법이다.

헤어질 땐 아쉬운 여운만 남긴다

즐겁고 행복한 시간을 함께 공유할 수 있어서 좋았다는 솔직한 마음을 눈을 보며 전한다. 내려서 운전자를 배웅할 때는 손끝을 가지런히 해서 가슴과 어깨 사이 정도의 위치에 두고 작게 흔든다. 상대가 보이지 않게 될 때까지 지켜보는 것으로 여운을 남긴다.

작별 인사를 하고 나서
상대가 돌아보거나 했을 때
누군가와 전화 통화를 하고 있거나
모습을 감춰 안 보이면 서운할 수 있다.

자신이 앉았던 자리나 발밑에 쓰레기가 남지 않도록 한다. 작은 비닐 봉투 등을 준비해서 차 안에서 나온 쓰레기는 봉투에 넣어서 가지고 내리자.

어른들께 인사드길 때 옷차림부터 신경 쓴다

남자 친구 부모님에게 좋은 인상을 주고 싶다면 약간은 수수한 옷차림이 안전하다. 메이크업이나 향수도 평소보다 은은하게 한다. 방바닥에 앉을 일도 생각하면 타이트한 스커트보다 편하게 앉을 수 있는 A라인 스커트가 안전할 수 있다.

화장이나 향수도 평소보다 약하게 하는 것이 어른들에게 호감 가는 첫인상을 줄 수 있다.

방문 시간을 정해 주지 않았을 경우에는 식사 시간대는 피해서 간다. 방문 시간이 정해졌다면 약속 시간 5분 전후를 기준으로 도착한다.

Don't

미니스커트나 앞이 많이 파인 셔츠처럼
노출이 많은 옷은
남자 친구 만날 때나 입어라.

부츠는 신고 벗는 동작이 복잡하고
시간도 많이 걸리므로 신지 않는 편이 도움이 된다.
맨발로 남의 집에 들어가는 것은
불결한 인상을 줄 수 있다. 덧신이라도 신는다.

벨을 누르는 순간부터 입꼬리를 올린다

거만하게 보이지 않으면서 자신의 최고 모습을 보여야 하는 자리다. 벨을 누르기 전에 옷차림부터 확인한다. 코트나 장갑은 미리 벗어 정돈하고, 비가 내려 우산을 쓰고 갔다면 밖에서 우산의 빗방울을 털어낸 후 잘 접어서 들고 벨을 누른다.

"말씀 많이 들었습니다. OOO입니다."
"처음 뵙겠습니다."
인사는 밝은 목소리, 웃는 얼굴로 드리는 것이다.

작고 소심하게 인사하지 말고
최대한 반갑고 상큼한 웃는 얼굴로
인사를 드린다.

안.녕.하.세.요...

남자 친구의 식구들 앞에서 애정을 과시하면 밉상으로 찍히기 딱 좋다. 또 불평을 하거나 잔소리를 하면 분위기가 싸늘해진다. 남자 친구의 부모님 앞에서 평소대로 이름만 부르거나 애칭으로 부르지 않도록 주의한다. 'OO씨'를 붙이는 것이 무난하다.

신발은 구석에 가지런히 벗는다

현관에서 구두를 벗고 올라오는 모습으로 가정 교육까지 가늠될 수 있다. 평소에 주의를 기울여야 할 습관이기도 하다. 언제 어디서나 동작의 기본은 다른 사람에게 엉덩이를 보이지 않는다는 점이다. 신경을 써서 구석 쪽에 신발을 가지런히 놓이도록 벗어 두는 것만으로도 교양 있어 보인다.

실례합니다.

하나를 보면 열을 안다. 현관에서 구두를 벗고 올라서는 모습만으로 인상이 좌우된다.

신발을 벗고 현관으로 들어갈 때
엉덩이부터 보여서는 안 된다.
얌전히 앉아서 자신의 구두가
다른 식구들 신발과 섞이지 않도록
구석 쪽에 정리해 놓는다.

떠날 때는 문의 정면을
향해서 슬리퍼를 벗고 그대로
구두를 신는다.

신었던 슬리퍼는 구두를 신고 나서
문을 나서기 전에 가지런히 정돈해
둔다. 구둣주걱은 오른발은 오른손으로,
왼발은 왼손에 쥐고 사용하는 것이
우아하다.

반갑고 감사한 마음을 선물로 전한다

이젠 친구 집에 갈 때도 빈손으로 갈 나이가 아니다. 하물며 어른에게 인사 드리러 가는 자리에는 반드시 선물을 준비해야 한다. 남자 친구에게 미리 물어서 어른들이 좋아하는 것을 알고 있으면 그것을 준비해서 가고, 모를 때는 과일, 꽃다발, 초콜릿, 과자, 술 등이면 무난하다.

가족 수나 연령 구성을 미리 확인한다. 가족 수에 비해 너무 많거나 너무 적은 선물을 가지고 가지 않도록 주의한다.

입맛에 맞으시면 좋겠어요.

Don't

비닐 봉투에 담아 가는 것은
선물이라 부를 수 없다.

남자 친구 집 앞의 가게에서 산 것 같은 선물은 성의 없어 보인다.
선물을 건네며 인사를 드리면 훨씬 자연스러운 분위기가 연출된다. 아
무리 맛있는 것이라도 받자마자 서둘러서 먹어야 하는 것은 친해진
후에 선물해도 된다. 처음 인사 드릴 때의 선물은 유통 기한이 긴 쪽이
무난하다.

Dinner
Attitude Lesson

즐거운 마음이 식사의 기본임을 안다

디너 애티튜드는 일상의 식사를 보다 풍족하고, 즐겁고 아름답게 음미하기 위한 것이다. 매너라고 해서 너무 딱딱하게 생각하지 말고, 멋지고 근사한 여성이 되기 위한 레슨으로 시작해 보자. 테이블 매너란 누구라도 기품 있는 식사를 할 수 있게끔 합리적으로 짜여 있다. 만약 잔을 엎어버리는 등의 실수가 있으면 동석자가 불쾌감을 느낄 수 있는데, 매너가 깔끔하면 사전에 실수를 차단할 수 있다. 그리고 식사는 혼자 하는 것보다 상대가 있을 때 즐거운 법이다. 식사를 한층 더 즐기기 위해서는 '상대를 배려하기 = 테이블 매너'가 필요하다. 매너는 몸가짐만에만 국한되지 않는다. 식사 자리에 맞는 즐거운 대화를 나눌 마음가짐을 갖고, 대화를 이끌어 내는 것도 매너의 일종이다. 테이블 매너를 의식하면서 식사하면, 모든 몸놀림이 아름답고 군더더기 없이 깔끔한 인상을 줄 수 있다. 식당 직원에게도 깔끔한 매너로 대하고 요리를 즐기면서 정갈하게 먹으면 음식에 대한 감사의 마음을 나타내는 것이 된다.

매너를 잘 모를 때는 동석자를 보며 똑같이 먹으면 된다. 먹는 법을 알 수 없는 요리가 나올 때는 종업원에게 주저하지 말고 물어본다. 혹시 상대방이 매너를 위반하면 아무 말도 하지 않는 것이 상대를 위한 배려이고 매너다. 단 가깝거나 친한 사이라면 가르쳐 주는 것도 괜찮다. 어떤 음식점에 가더라도 매너는 필요하지만, 언제나 최상급 매너로 일관하는 것은 우스운 법이다. 캐주얼한 레스토랑에서는 다소 여유로운 매너를 보인다는 구분을 갖고 대처하자.

식사 장소 예약은 미리 해 둔다

방문 날짜, 시간, 인원, 예약자명, 연락처 등을 알린다.

즐거운 식사는 음식점 선택에서부터 시작된다. 음식의 종류, 술의 종류, 음식점 분위기, 위치, 가격 모두 중요하지만 함께 가는 사람의 취향과 사정에 최우선을 두고 결정한다. 음식점이 상대의 취향에 맞는 집인지 먼저 물어본 뒤 상대가 동의하면 장소를 확정 짓는다. 음식점이 정해지면 반드시 사전 예약을 한다. 약속 날이 임박해서 예약하려다 보면 자리가 없어서 낭패를 볼 수도 있다. 최소한 3-4일 전에는 예약을 하고 반드시 확인한다.

약속 시간에 누구라도 음식점에 도착해 있지 않으면 취소로 간주되는 일이 있다. 늦어서는 절대 안되지만 어쩔 수 없이 늦을 것 같은 경우에는 되도록 빨리 음식점에 연락을 취한다.

장소와 격식에 맞는 복장을 갖춘다

그날의 상황과 장소에 맞게 옷을 입는 것은 매너이기 전에 어른의 상식이
다. 가벼운 캐주얼 차림으로 약속 장소에 나가면 정장 차림의 상대방이 당
황할 수 있다. 따라서 음식점이 결정되면 그 집의 분위기와 식사 목적, 런
치인지 디너인지 등을 고려해서 옷을 고른다. 업무 후에 갈 경우는 액세서
리나 스카프 등을 더해서 연출한다.

바지를 입는다면 너무 캐주얼한 것은 피하고 우아한 옷차림을 명심한다.
좌식으로 앉는 식당에 갈 때는 바짓단이 끌리지 않도록 적당한 길이의 것을
입는다. 원래 저녁시간의 만찬이라면 이브닝 드레스가 여성의 정식 옷차림
이지만, 그렇다고 해도 지나친 노출은 타인을 불편하게 할 수 있다. 적당한
노출로 품위 있고 화려하게 몸치장을 할 때 가장 섹시하게 보인다. 한식이
나 일식 레스토랑에 갈 때는 너무 노출을 하지 말고, 깔끔하고 세련된 이미
지를 목표로 단장한다. 바닥에 앉아서 식사할 경우를 참작해서 앉기 편한
복장을 선택한다.

헤어스타일은 식사를 할 때에
방해되지 않도록 긴 머리의 경우는
묶거나 올리는 스타일로
연출한다.

요리는 향도 함께 즐기는 것이므로
너무 향이 강한 향수는 자제한다.
은은하게 뿌리는 정도는 괜찮지만,
지나치게 강한 향수 냄새는
식사를 방해한다는 점을
명심하자.

너무 캐주얼한
큰 백보다 조금
작은 듯한
핸드백을
선택한다.

구두는 스니커즈, 뮬, 부츠 등
캐주얼한 것은 피하고
엘레강스한 구두를 선택한다.

식사 자리에서는 손가락 끝으로
시선이 가기 쉽기 때문에 네일 컬러는
너무 진한 색은 피하고 매니큐어가
벗겨지지 않도록 주의한다.

낯선 메뉴를 봐도 쫄지 않고 주문한다

처음 간 고급 레스토랑에, 심지어 앞에 있는 사람에게 잘 보이고 싶을 때는 더더욱 메뉴판의 글씨는 눈에 들어오지 않고, 뭘 먹어야 할지 도무지 정할 수가 없게 된다. 그렇다고 해서 "뭐든지 좋아요." "같은 것으로 주세요."라고 말하는 것은 우유부단하고 귀찮아하는 것 같은 부정적인 인상을 줄 수 있으므로 주의한다. 메뉴판을 갖다 주면 메뉴를 살펴보고 잘 모르는 요리가 있으면 종업원에게 묻는다. 주방장 추천 요리나 인기 요리, 요리의 양 등을 물어보면 요리 선정에 큰 도움이 될 수 있다.

양식, 중식, 일식, 한식을 가리지 않고, 대부분의 레스토랑에는 코스요리와 일품요리가 준비되어 있다. 코스요리는 말 그대로 전채부터 디저트까지 여러 가지 음식이 조합되어 있는 것으로 다양한 음식을 밸런스 좋게 맛볼 수 있다. 반면 일품요리는 한 접시에 담긴 요리이기 때문에 자신의 기호에 맞게 선택해서 먹을 수 있다. 보통 동반한 사람들이 코스요리를 시키는지, 일품요리를 시키는지에 맞춰서 같이 시키는 것이 좋다. 안 그러면 상대가 식사를 마칠 때까지 기다려야 하는 경우도 생길 수 있다. 하지만 죽었다 깨도 먹고 싶었던 일품요리를 주문하겠다면 요리 개수에 큰 차이가 없게끔 주문한다.

옆 테이블의 음식이 아무리 맛있게 보여도 손가락으로 가리키며 "저걸로 주세요."라고 주문하지 않는다. 함께 식사하는 사람과 메뉴를 상의한 후 종업원에게 주문해야 우아함을 유지할 수 있다. 잘 못 먹는 재료나 향신료가 있는 경우에는 미리 확인해서 빼달라고 부탁해도 된다.

식사 중간에 자리를 뜨지 않는다

식사가 시작되고 나서 끝날 때까지 중간에 자리를 뜨지 않는 것이 기본이다. 하지만 잠시 자리를 떠야 할 경우, 살며시 뜨기 좋은 타이밍은 주문을 끝낸 직후나 메인 요리가 끝난 후 등 대화를 잠시 멈추기 좋을 때다. 이때 중앙 통로로 당당히 걸어 나가는 것이 아니라 다른 사람들 식사에 방해가 되지 않도록 벽 쪽으로 조용히 나가서 빠른 시간 안에 볼일을 보고 오도록 한다.

> 립스틱은 식사 전 가볍게 티슈로 눌러 둘 것!

식사 전에 마쳐 둘 일은 잔에 립스틱 자국이 남지 않도록 가볍게 티슈로 눌러 두는 것과, 식사 도중에 자리를 뜨지 않도록 화장실도 미리 다녀 온다. 그리고 전화를 걸거나 받아야만 하는 용건은 식사 전에 미리 처리해 둔다. 휴대전화는 식사 중에 울리지 않도록 전원을 끄거나 진동으로 해 두는 것이 센스 있다.

Don't

식사 도중 화장실이나 급한 전화 등으로 부득이하게 자리를 떠야
할 때는 반드시 양해를 구한다. 동석자들을 배려한다는 마음으로
말없이 슬그머니 나가는 게 오히려 주위 사람들에게 걱정을 끼칠
수 있다. 조용히 한마디를 하고 일어선다.

마음대로 아무 자리에나 앉지 않는다

음식점에서는 직원이 안내해 주기 때문에 그에
따른다. 커플일 경우는 여성이 먼저 걸어가고 남
성이 한 걸음 뒤에서 에스코트한다. 안내 받은
자리가 주방이나 화장실 옆 등 마음에 안 들 경
우에는 변경을 요구해도 무방하다. 단, 자리가
꽉 차 있거나 예약석 등의 이유로
변경해 주지 못할 수도 있다.

의자를 빼 줄 때 자연스럽게 앉는
방법은 우선 의자 옆에 서서 종업원이
의자를 당겨주면 의자와 테이블
사이로 들어간다. 다음으로
의자가 무릎 뒤에 닿으면
되도록 깊게 앉는다고
의식하면서 천천히 허리를
내린다. 마지막으로 테이블과
몸 사이에 주먹 하나 정도가
들어갈 공간이 생기도록 해서 앉는다.

자기 스스로 의자를 빼서 멋대로 앉지 않는다. 의자를 빼 주는 사
람이 있을 때는 의자 옆에 서서 기다리면 된다.

핸드백은 방해되지 않게 놓는다

의자에 앉으면 핸드백을 내려놓는다. 같은 테이블에 비어 있는 자리가 있으면 거기에 놓아도 괜찮지만, 의자를 자기 쪽으로 끌어당기거나 하지 말고 자연스럽게 놓는다. 레스토랑에 따라서는 의자 옆이나 아래에 짐 놓는 자리를 준비해 둔 곳도 있다. 어디에도 딱히 놓을 장소가 없으면 다음과 같이 한다.

발끝에 놓는다.
바닥이 평평한 핸드백이라면 의자 아래에 서빙을 방해하지 않는 곳에 내려놓는다.

허리 뒤에 놓는다.
작은 핸드백은 허리와 의자의 등받이 사이에 놓아둔다. 또는 무릎 위에 올리고 그 위에 냅킨을 펴도 상관없다.

작은 핸드백이라고 해도
테이블 위에 올려놓는 것은
매너 위반이다.

숄더백이라도 서빙에
방해되기 때문에 의자에
걸어 놓지 않는다.

냅킨을 빨래 털 듯 펼치지 않는다

냅킨은 자리에 앉자마자 펼치는 것이 아니라 일행 모두가 자리에 앉은 뒤나 주문이 끝나고 난 직후, 혹은 처음 음료를 가져왔을 때 조용히 펼치는 것이다. 윗사람이 있는 경우는 그 사람이 타이밍을 잘 봐서 펴고, 다른 사람들은 그에 맞춰서 따라서 편다. 모두 우물쭈물하고 있는 것도 어색하니까 윗사람이 솔선해서 펴도록 한다.

냅킨 펴는 법
냅킨은 반으로 접어서 무릎 위에 펼친다. 겹친 부분을 몸 쪽으로 두는 일이 많지만, 상대 쪽으로 해도 괜찮다. 더럽혀진 손가락을 닦을 때는 반드시 냅킨의 안쪽을 사용한다.

냅킨이 미끄러질 때
옷감의 소재에 따라서는 냅킨이 미끄러지는 일도 있기 때문에 식사 도중에 냅킨을 떨어뜨리지 않도록 주의한다. 냅킨의 양 끝을 무릎 아래에 조금 끼워 두면 괜찮다. 벨트나 스커트 허리 부분에 끼워 두면 안 된다.

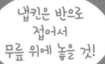

냅킨은 반으로 접어서 무릎 위에 놓을 것!

Don't

밝은 색상의 옷을 더럽힐까봐 냅킨의 끝을 목둘레에 끼워 넣는 것은 저속하게 보일 뿐이다. 어린이가 먹다가 자주 흘려서 옷을 더럽히지 않도록 걸치는 것만 허용한다.

냅킨은 정해진 자리에 놓는다

서양인들은 냅킨을 사용하는 법만 보고도 그 사람의 출신 배경이나 매너 수준을 어느 정도 가늠한다고 한다. 그만큼 냅킨 사용법이 쉽지 않다는 말이다. 냅킨의 본래 용도는 입이나 손을 닦는 것이다. 영화 속 주인공처럼 자연스럽게 냅킨을 사용하려면, 손가락이 지저분할 때는 냅킨의 끝을 조금 들고 안쪽에 닿도록 해서 손가락을 닦는다. 한편 입가를 닦을 때는 냅킨의 끝을 끌어당겨서 닦는다.

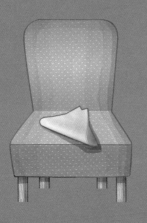

자리 비움

식사 중에 잠시 자리를 뜰 때는 냅킨을 앉아 있던 의자 위에 가볍게 접어서 놓아둔다.

식사 종료

식사가 끝나서 돌아갈 때는 냅킨을 가볍게 접어서 테이블 위에 놓는다.

냅킨을 더럽히는 것이 미안하다고 해서 자신의 손수건을 사용하지 않는다. 특히 서양인들에게 손수건은 감기와 콧물 등을 떠올리므로 오히려 불결한 인상을 줄 수 있다. 식사를 다 마치고 나갈 때에 냅킨을 깨끗하게 접어 두면 '요리가 맛없었다'라는 의미이므로 주의한다.

식기류로 대화할 수 있다

먼저, 포크와 나이프의 사용법부터 시작해 보자. 서양식 상차림에서 식기가 많다고 긴장할 필요는 없다. 사용 순서에 맞게 배치하는 게 일반적이므로 대개 바깥쪽에 놓인 것부터 사용하면 된다.

식사 중

식사 중간에 빵을 먹거나 와인을 마실 때는 포크와 나이프를 접시 가운데에 여덟 八자로 내려놓는다. 이때 나이프는 칼날을 안쪽으로 향하게 하고, 포크의 날이 아래를 향하게 엎어 놓는다.

식사 후

식사를 마치면 나이프와 포크를 가지런히 해서 4시 20분 방향으로 손잡이가 사선 아래쪽을 향하도록 접시 오른쪽에 놓는다. 보통 나이프는 위쪽, 포크는 아래쪽에 두면 이제 식사를 마쳤다는 의미가 전달된다.

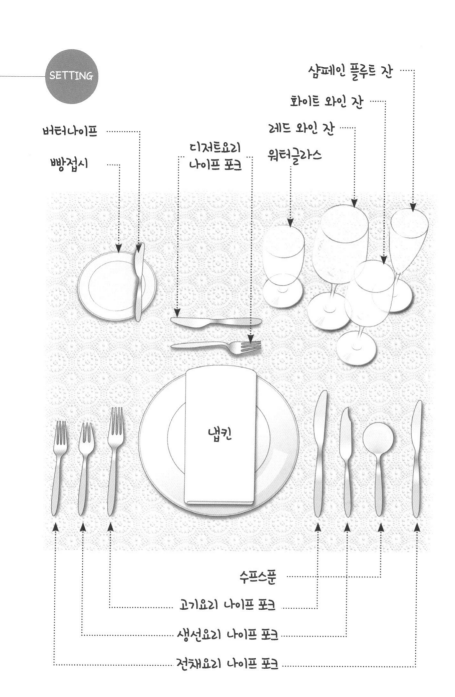

SETTING

버터나이프

빵접시

디저트요리
나이프 포크

샴페인 플루트 잔

화이트 와인 잔

레드 와인 잔

워터글라스

냅킨

수프스푼

고기요리 나이프 포크

생선요리 나이프 포크

전채요리 나이프 포크

떨어진 식기류를 줍지 않는다

실수로 나이프나 포크를 떨어뜨려서 당황한 나머지 테이블 밑으로 차 넣거나 자신이 직접 줍거나 하지 않는다. 그대로 두고 종업원을 불러서 "다시 갖다 주세요."라고 말하고 새것을 받으면 된다. 단, 집으로 초대 받은 경우에는 직접 주워도 실례가 되지 않는다.

식기류로 사람을 가리키지 않는다

나이프나 포크를 손에 든 채로 대화하는 것은 괜찮다. 하지만 가슴선 이상으로 세워 들거나 휘두르거나 사람을 가리키는 것은 실례일 뿐 아니라, 위험하기 때문에 절대로 삼간다. 나이프를 접시에 내려 놓을 때도 칼날이 사람에게 향하지 않도록 안쪽으로 놓는 것이 기본이다.

팔꿈치를 테이블 위에 올려놓지 않는다

식사 중에는 테이블 위로 양손이 올라와 있어야 한다. 테이블 위에 두 손이 올라와 있지 않으면 손에 독을 지니고 공격하려는 의지가 있다고 해석되었기 때문에 독살에 대한 결백을 나타내는 신호로 양손을 테이블 위에 올려 놓았다는 것이 매너의 기원이다. 그렇다고 해서 식탁 위에 팔꿈치나 손을 올려 두고 있으면 안 된다. 테이블 위에 얹어도 괜찮은 것은 손가락부터 팔꿈치 전까지다. 테이블에 팔꿈치를 얹거나 턱을 괴는 동작은 절대로 취하지 않는다. 식사 중에 다리를 꼬는 행동 역시 금물이다.

식탁보로 가려서 보이지 않는다고 생각해도 허리가 굽어져 반듯한 자세가 무너지기 때문에 아름답지 못하다.

테이블 위에 손가락부터 팔꿈치전까지 OK!

왼쪽 팔꿈치를 테이블 위에 대고 오른손만으로 식사하는 것은 매너 위반이다. 팔꿈치를 테이블 위에 얹고 식사하는 모습은 남 보기에 좋지 않은 것은 물론, 식사 동작을 흩뜨리거나 음식을 떨어뜨릴 수 있다. 양식은 기본적으로 나이프를 오른손에 포크를 왼손에 쥐고, 양손을 사용해서 먹는 음식이다.

팔을 벌리고 먹지 않는다

나이프와 포크를 잡기 전에 테이블과 몸 사이에 주먹이 하나 들어갈 정도로 앉았는지를 먼저 확인한다. 바른 자세를 유지하고 있으면 나이프와 포크를 정확하게 쥘 수 있고, 흘리거나 엎지르는 등의 실수도 적어진다. 나이프와 포크는 나오는 요리 순서에 따라 바깥쪽에서 안쪽으로 세팅되어 있으므로 바깥쪽에 놓인 것부터 차례대로 사용하면 아무런 문제가 없다.

나이프와 포크를 쥐는 법은 나이프는 오른손, 포크는 왼손의 각각 엄지와 검지, 중지로 쥐고 검지로 눌러서 잡는다. 엄지와 검지에 힘을 주면 단단한 것을 자르기 쉽게 된다. 생선용 나이프는 힘을 줄 필요가 없기 때문에 검지를 위에서 누르지 말고, 엄지와 검지로 나이프를 집듯이 잡는다.

팔꿈치를 무슨 무당벌레 날개처럼 양쪽으로 펼치면 우스꽝스럽게
보일 뿐 아니라 쓸데없는 힘이 들어가서 포크 나이프를 제대로 잡을
수 없다. 양팔을 옆구리에 붙이듯이 가까이 모으고 편안한 자세로
식사한다. 식사를 멈추고 식기를 내려놓은 채 잠시 쉬거나 대화할
때는 두 손을 테이블에 올려놓는다.

수프 스푼은 연필 쥐듯이 잡지 않는다

접시의 오른쪽에 스푼이 놓여 있으면 수프가 제공된다는 뜻이다. 만약 스푼이 디저트용이라면 접시의 위쪽에 가로로 놓여 있게 된다. 어디에 놓여 있든 간에 스푼, 즉 숟가락은 한식 문화에도 있기 때문에 대부분 익숙지 않은 포크와 나이프에만 신경을 쓰는 경우가 많은데, 스푼 잡는 법에도 격식이 있다. 연필 쥐듯이 아래를 잡지 말고, 스푼 자루 중간보다 약간 위쪽을 쥐어야 안정감이 있다. 오른손 손가락을 가볍게 모아서 스푼 손잡이를 중지 첫 번째 마디 혹은 첫 번째 관절쯤에 올리고 검지 손가락으로 살짝 받친다. 그러고 나서 엄지 첫 번째 마디를 손잡이 위에 얹는다.

수프를 다 먹은 후에 스푼은 수프 볼에 넣어 둔다. 하지만 작은 수프 볼 이라서 스푼을 꽂아 두기에 안정적이지 않은 경우에는 수프 받침 접시 위에 내려 두면 된다.

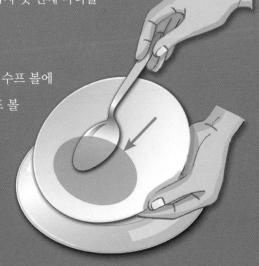

스푼으로 수프를 떴을 때는 한 번에 먹어야 하며 여러 차례 나누
어 먹지 않도록 한다. 수프가 조금 남았다면 수프 접시 안쪽을 왼손
엄지와 검지로 가볍게 기울여서 가장자리로 수프를 모아서 마저
떠서 먹는다.

수프는 소리 내지 않고 먹는다

수프는 스푼을 가볍게 잡고, 접시의 앞쪽에서 바깥쪽을 향해 세로 방향으로 움직여서 떠 먹는 것이 일반적이다. 이때 왼손은 접시의 왼쪽에 자연스럽게 덧댄다. 수프를 먹고 있을 때 이미 제공된 빵을 뜯어 수프에 넣어 먹지 않는다. 하지만 곁들여 나오는 크래커는 손으로 조각내어 수프에 띄워서 먹고. 크루통은 스푼으로 떠서 수프에 띄워 같이 먹으면 된다.

수프가 손잡이 달린 컵에 담겨 나온 경우에는 스푼으로 뜨거운 정도를 확인한 뒤, 스푼은 수프 받침 접시 위에 내려놓고 손으로 잡고 마셔도 괜찮다. 손잡이가 양쪽에 달려 있으면 양손으로 잡고 마시고, 한쪽에만 달려 있는 경우에는 오른손으로 잡고 마신다. 이때 한 손으로 컵의 손잡이를 잡고 스푼으로 떠먹거나 컵 속에 스푼을 넣은 채 마시면 안 된다.

수프를 먹을 때는 절대로 소리를 내서는 안 된다. 국이나 차처럼 '마신다'기 보다 '흐르게 해서 넘긴다'는 생각으로, 건더기가 많을 때는 '먹는다'는 느낌으로 대해야 실패가 없다. 또 수프가 뜨겁다고 입으로 '후우~' 불어 식히는 것도 안 된다. 천천히 식도록 잠시 놔둔 후에 먹는다.

접시 쪽으로 몸을 숙여서 먹지 않는다

특히 수프를 먹을 때, 그릇에 입이 닿을 정도로 고개나 허리를 지나치게 앞으로 숙여서 먹지 않는다. 지나치게 뻣뻣한 자세도 부자연스럽지만, 음식을 향해 인사하는 듯한 자세는 주눅 들어 보인다. 절대 입이 음식 쪽으로 접근하지 않도록 주의한다. 언제나 자세를 바르게 하고, 음식물을 입 쪽으로 가지고 와서 먹는다.

얼굴이나 머리를 만지지 않는다

식사 중에 얼굴을 만지거나, 머리를 긁적이거나, 흘러내리는 머리카락을 쓸어 올리는 행동은 금물이다. 손에 헤어 제품이나 화장, 유분 등이 묻어서 손으로 빵을 먹을 때 비위생적이다. 손이 가지 않는 헤어스타일로 고정하거나 올리고, 길게 내려오는 스타일은 묶어 두면 식사에 방해가 되지 않는다.

빵은 반드시 손으로 먹는다

빵은 미리 빵 접시에 놓여 있는 경우와 도중에 종업원이 가져오는 경우가 있다. 종업원이 바구니에 담겨 있는 빵을 가지고 오면 선호하는 것을 손으로 집어서 왼쪽에 있는 빵 접시에 놓는다. 빵은 여러 번 집어 와도 흉이 되지 않으므로 처음부터 많이 집어 욕심내지 않는다. 1-2개 정도 놓는 것이 적당하다. 여러 사람이 원탁에 둘러앉아 식사할 때는 자신의 빵을 잘 찾는 것이 무엇보다 중요하다. 자신의 빵 접시는 언제나 왼쪽의 것이라는 점을 명심하자. 빵 접시가 따로 없을 때는 빵을 식탁보 위에 직접 놓는다. 메인 접시 왼쪽 가장자리의 방해되지 않는 곳에 놓아도 된다. 하지만 메인 접시 안에 놓는 것은 안 된다.

자신의 빵을 잘 집어 왔다면 다음엔 버터를 집어 온다. 덩어리 버터인 경우에는 버터 나이프를 이용해 버터를 적당량 덜어서 자신의 빵 접시에 옮겨 놓는다. 빵을 먹을 때는 절대로 나이프나 포크를 써서 자르면 안 되고 반드시 손으로 뜯어서 자른다. 빵은 한 입 크기로 잘라서 먹는데, 너무 크게 찢으면 무리해서 입 안 가득히 넣게 되므로 주의한다. 찢은 빵에 버터 나이프로 버터를 바르고 한 입씩 먹는다. 먹을 때마다 빵을 찢어서 버터를 바르고, 버터는 수시로 조금씩 접시에 덜어 놓고 이용한다.

처음부터 빵이 놓여 있는 경우에는 수프가 나오면 먹기 시작한다. 빵은 수프에서 메인 디쉬 사이에 마음껏 먹어도 괜찮고 추가도 자유롭게 할 수 있다. 단, 처음부터 너무 많이 먹으면 메인 디쉬를 즐길 수 없는 경우도 있기 때문에 주의한다. 또 추가한 후에 남기는 것은 바람직하지 않다.

빵 부스러기가 신경 쓰인다고
쓸어서 테이블 아래로
떨어뜨리거나
어지럽혀서는
안 된다.

빵 부스러기는 나중에 종업원이
치워주기 때문에 한 곳에
모아 두거나 빵 접시 등에
넣지 않는다.

한 입 크기로 찢은 빵에
버터 나이프로 버터를
바르고, 한입씩 먹는다.
먹을 때마다 빵을 찢어서
버터를 바른다.

빵 부스러기가 떨어지는 것을
방지하기 위해 얼굴을 숙이거나
왼손으로 턱을 받치고
먹지 않는다.

빵을 수프에 넣어서 적셔 먹는 것은
빵이 딱딱하거나 수프가 맛없다는
신호인 경우도 있기 때문에 주의한다.

하나하나 버터를 바르기
귀찮다고 처음부터 버터를
전부 발라 놓으면 무식해 보인다.

빵을 찢지 않고 그대로
이로 물어뜯거나 끊어
먹으려고 빵에 잇자국을
남기는 행동도 절대
금기 사항이다.

생선 껍질을 발라내지 않는다

생선 요리를 먹을 때는 생선용 포크와 생선용 나이프를 사용한다. 생선용 나이프는 중국식 언월도처럼 칼등에 불룩하게 솟은 부분이 있다. 이 생선용 나이프는 스테이크 나이프와는 달리 엄지와 검지를 중심으로 가볍게 잡는다. 왼손에 쥔 포크를 생선에 가져다 대고, 나이프는 생선을 자르거나 포크 날 위에 생선 조각을 밀어 올리는 용도로 사용한다.

생선 요리는 제철의 어패류를 굽거나 찌는 등 다양한 조리법으로 나온다. 대개는 머리랑 뼈는 잘라서 먹기 편하게 조리되어 나오므로 걱정할 필요가 없다. 또 생선 요리에는 소스를 듬뿍 사용한 것이 있는데, 그런 것에는 소스 스푼이 곁들여 나오는 경우도 있다.

먹는 방법은 왼쪽 가장자리부터 나이프로 한 입 크기로 잘라서 포크로 먹는다. 곁들여 나오는 야채 등도 작게 잘라서 수시로 먹는다. 생선 껍질은 잘 익혔기 때문에 떼어 내지 말고 생선살과 같이 잘라서 먹는다. 껍질을 못 먹는 경우에는 처음에 떼어 내서 그릇 구석에 모아 두면 된다.

먼저 포크로 살을 누르고 등의 가시를 따라서 나이프를 넣는다.

앞쪽의 살을 가시에서 떼어 내서 왼쪽 가장자리부터 잘라서 먹는다.
그 후에 나머지 살을 앞쪽으로 가지고 와서 같은 식으로 먹는다.

위쪽의 살을 다 먹고 나면 가시 아래에 나이프를 넣어 들어 올려서,
머리와 함께 건너편에 옮겨 놓고 아래쪽 살을 먹는다.
단, 생선은 절대 뒤집지 않는다.

레몬즙을 튀지 않게 짠다

해산물이나 연어 스테이크 위에 레몬을 뿌려야 할 경우 레몬을 짜는데 의외로 멀리까지 레몬즙이 튄다. 함께 식사하는 사람의 옷이나 몸에 튀어 버리는 일도 종종 있다. 반드시 한 손으로 레몬을 짜면서 다른 손으로는 즙이 튀지 않도록 덮으면서 짠다.

접시를 교환해 먹지 않는다

식사 도중에 접시나 식기류를 직접 옮기면 안 된다. 빵 접시를 자신의 앞으로 옮겨와 먹는다든지 샐러드 접시를 옆으로 옮기는 행동은 금물이다. 따라서 서로 요리를 나눠 먹는 것은 격식 차린 자리가 아니라면 괜찮지만, 접시를 교환하는 것은 허용되지 않는다. 처음부터 나눠 먹고 싶다고 이야기하면 음식점 종업원이 나눠서 가져다준다.

바싹 익혀달라 말하지 않는다

스테이크를 주문하면 빠지지 않는 질문이 "고기
는 어느 정도로 구워드릴까요?"이다.
이때 "바싹 익혀주세요."라고
하지 말고, 선호하는 '굽기 정도'를
미리 정해 두면 어느 자리에서든 당황하지
않을 수 있다. 옆 사람을 따라서 "미디엄으로
주세요."라고 하면 스테이크를 자를 때 피가
뚝뚝 떨어지므로 비위가 약한 사람은 먹기
어렵다. 스테이크에 칼을 댔을 때 나오는
핑크빛 즙은 사실 피가 아니라 스테이크의
진정한 맛을 느끼게 해 주는 육즙이다.
그래서 스테이크 매니아는 웰던은 즐기지
않는다고 하지만, 스테이크에 익숙하지 않은
경우에는 미디엄 웰던이나 웰던을 주문하는
편이 안전하다.

고기는 미디엄으로 주세요.

레어rare
표면만 살짝 구워 중간은 붉은 날고기 그대로
의 상태

미디엄 레어medium rare
스테이크 가운데가 핑크인 부분과 붉은 부분이
섞여 있는 반쯤 덜 구운 상태

미디엄medium
스테이크 가운데가 모두 핑크빛을 띠는 중간
정도로 구운 것

미디엄 웰던medium well-done
미디엄보다 약간 더 구운 상태

웰던well-done
표면이 완전히 구워지고 스테이크 가운데도
충분히 구워져 갈색을 띠는 상태

한번에 한 조각만 잘라 먹는다

포크에 가까운 왼쪽 가장자리부터 나이프의 끝을 사용해서 한 입 크기로 잘라서 먹는다. 왼손으로 포크를 잡고 포크 날은 아래쪽을 향하도록 확실하게 쥔다. 나이프는 검지로 등을 눌러 힘을 넣을 수 있도록 하고, 나이프 날이 아래를 향하도록 해서 잡는다. 고기용 나이프는 앞부분이 톱니처럼 되어 있으므로 자신의 몸 쪽으로 당기듯이 한 번에 자르면 된다. 톱질하듯 여러 번에 걸쳐 자르는 모습은 초짜처럼 보이게 한다.

고기를 자를 때는 잘릴 토막 쪽에 포크를 꽂거나 눌러 고기를 고정시킨 다음 한 번에 한 조각씩만 나이프로 자른다.
작거나 부드러운 고기를 포크로 찍을 때는
고기 조각 아래에 나이프 날을
받치고 포크를
살짝 비틀어 주면 단단히
고정시킬 수 있다.

처음부터 전부 잘라 놓고 먹지 않는다. 공기에 접촉하는 시간이 길면 풍미가 떨어지고 육즙이 새어 나와서 본연의 맛을 잃어버린다.

꼬치에서 빼낸 후 먹는다

부로쉐트(brochette)는 서양 요리의 꼬치구이로 금속제의 큰 꼬챙이가 사용된다. 왼손으로 꼬치를 잡고 오른손에 포크를 잡고 꼬치를 빼낸다. 빈 꼬챙이는 접시의 건너쪽 위치에 놓고 건더기를 잘라서 먹는다. 꼬챙이가 매우 뜨거울 때는 냅킨을 사용해서 잡는다. 식힌 후에 잡으면 고기가 잘 빠지지 않기 때문에 주의한다. 좀 작은 꼬치에 나와도 격식 있는 자리에서 꼬치에 껴 있는 채로 들고 먹는 것은 경박해 보인다.

핑거볼에는 손끝만 씻는다

Do

손을 사용해서 먹는 요리에는 핑거볼이 나온다. 레몬 조각이 떠 있는 경우도 있지만 마시면 절대 안 된다. 더러워진 손가락 끝부분을 물에 담가 씻은 후, 냅킨으로 물기를 닦는다. 세면대에 손을 씻듯이 양손을 함께 넣어서도 안 된다. 한 손씩 손가락을 가볍게 차례로 담근다.

그릇이 작아도 들고 먹지 않는다

샐러드 접시는 메인 접시의 왼쪽 가장자리에 놓여 있기 때문에 먹을 양만큼 메인 접시의 가장자리로 옮겨와서 먹는다. 옮길 때는 드레싱을 흘리지 않도록 주의한다. 양상추와 같이 큰 잎 채소는 나이프와 포크로 한 입 크기로 접어서 포크로 찔러서 먹는다. 나이프로 자르면 끼익끼익 긁히는 소리가 나기 때문에 사용하지 않는다.

토마토 등 야채를 한 입에 먹을 수 없을 때는 잘라서 먹지만 야채류는 의외로 자르기 힘들다. 나이프로 금속음을 내지 않도록 주의한다. 특히 작고 오목한 그릇에 담겨 있는 경우에는 식기류가 그릇에 닿기 쉬워서 주의해야 한다.

샐러드 그릇이 작다고 해도 손으로 들어서 먹는 행동은 절대 안 된다.
테이블에 놓아둔 채로 먹는다. 또 샐러드를 포크와 나이프로 잘게 썰
어 놓지 않는다. 먹을 때마다 한 입 크기로 잘라서 먹어야 한다.

샐러드 포크와 나이프로 먹는다

샐러드에는 입안을 상쾌하게 하고, 고기 요리로
산성화된 위액을 야채의 알카리성으로 중화하는
목적이 있다. 고기 요리와 함께 나오는
경우도 있고, 전채 요리 후에 나올
때도 있다. 샐러드도 평소에
접하는 익숙한 요리라고
아무렇게나 먹지 말고, 격식 차린
자리에서는 매너를 잊지 말자.
샐러드를 먹을 때 역시 생선이나 고기 요리와
마찬가지로 샐러드용 나이프와 포크를
사용한다. 점심 식사에서는 종종 샐러드가
고기 코스와 동시에 나오기도 한다.
이런 경우라면 굳이 고기용 포크와 샐러드용
포크를 번갈아 잡을 필요 없이 고기용 포크로
샐러드를 먹어도 된다. 또 포크만으로도 먹을
수 있을 것 같거나, 혹은 샐러드 속의 큼직한
이파리 등을 포크로 잘라 먹을 수 있다면
나이프는 테이블 위에 그냥 놓아두어도 된다.

포크로 잘라 먹을 수
있다면 나이프는
테이블 위에!

Q> 오른손만으로 먹어도 되나?
A> 샐러드를 오른손에 든 포크로 먹는 것은 약식 매너다. 그렇게 격식을 차리지 않아도 되는 자리에서는 괜찮다. 그럴 때는 왼손을 그릇에 살짝 대고 먹는다.

Q> 야채가 포크로 잘 찍히지 않을 때는?
A> 야채를 포크로 찌르기 어려운 경우는 왼손에 빵을 잡고 지지하면서 찍는다.

Q) 반드시 포크로만 먹어야 하나?
A) 아스파라거스는 너무 길지만 않다면 손으로 먹어도 된다. 아스파라거스가 길고 가늘면 오른손의 포크 끄트머리로 잘게 자른 다음 찍어 먹는다. 아티초크 역시 손가락으로 먹을 수 있다. 한 번에 한 장식 잎을 떼내서 소스를 찍어서 먹는다. 아티초크의 가운데 부분이 나오면 나이프로 잘라서 먹는다.

입을 벌린 채 씹지 않는다

씹는 내용물을 다른 사람에게 보이면서 먹는 것은 불쾌한 법이다. 씹을 때는 입을 다물고, 쩝쩝 소리를 내면서 씹지 않도록 주의한다. 식사 중에는 언제나 입을 다문 채 씹고, 입맛을 다시거나 입술을 서로 부딪치거나 급히 떼는 등의 거슬리는 소리를 내는 행위는 피한다. 다른 사람 밥맛을 떨어뜨릴 수 있고, 지금 먹고 있는 음식이 맛없다고 불평하는 것처럼 보인다.

음식물이 입에 있는 채로 말하지 않는다

입안에 음식물을 가득 담은 채 말하지 않는다. 음식물이 입 밖으로 튀거나 떨어질 수 있다. 하지만 테이블에서 대화를 나누던 도중이나 누가 말을 걸었을 때 입에 있는 음식을 꼭꼭 씹어 잘 삼킬 때까지 기다리면, 이야기의 흐름이 끊기거나 상대방이 무슨 말을 했는지조차 기억하기 힘들다. 따라서 상황에 맞게 웬만큼 삼키고 나서 입에 조금만 남았을 때부터 조심스럽게 말하도록 한다. 달리 말해 한입 가득 먹기보다는 입에 조금씩 넣고 먹으면 언제라도 대화에 참여할 수 있다.

입안 한가득 넣고 먹지 않는다

아무리 배가 고프더라도 허겁지겁 먹거나 크게 잘라진 요리를 입안 가득 넣는 것은 교양 없어 보인다. 이빨로 물어서 잘라 먹는 것도 매너에 어긋나므로 자를 때에 한입에 먹을 수 있을지 먼저 생각해서 크기를 정한다. 한꺼번에 입안에 너무 많이 넣고 먹으면 마치 굶주린 야만인처럼 보인다는 점을 명심하자.

식사에 어울리는 화제를 꺼낸다

식사 중에는 그 자리가 밝고 즐거운 분위기가 되는 화제를 선택한다. 지저분한 이야기나 야한 이야기는 물론, 정치나 종교 등 논쟁을 벌일 수 있는 이야기도 피하는 것이 매너다. 이렇게 대화에도 배려가 필요하다. 매너란 몸가짐만으로 한정되지 않는다. 즉 식사 자리에 맞는 즐거운 대화를 나눌 마음가짐을 갖고 대화를 이끌어 가는 것도 매너의 일종이다.

디저트까지 요리답게 먹는다

메인 요리를 다 먹은 뒤에는 디저트 코스가 시작
된다. 일반적으로 디저트 메뉴로는 과자류가 먼
저 나오고, 과일이 나온 후 커피, 차, 주스 등이
나오면서 코스가 끝난다. 여러 가지 종류가 함께
담겨 나올 때는 먼저 차가운 것이나 순한 맛부터
먹는다.

아이스크림 먹는 법
아이스크림에 곁들여 나오는 과자는 아이스크림
을 먹다가 입안이 얼얼해지는 것을 방지하기 위
해 중간에 먹는 용도다. 따라서 과자 먼저
먹고 아이스크림을 먹지 않는다.
그리고 스푼으로 가운데부터
아이스크림을 폭 떠서 먹는
것보다 옆 부분부터 먹기
시작하면 모양이 흐트러지지
않는다.

과일 먹는 법

대개는 먹기 쉽도록 껍질이나 씨를 제거하고 잘
라져서 나온다. 사과나 배, 바나나 등 수분이 적
은 과일은 디저트용 나이프와 포크로 한입
크기로 잘라서 먹는다. 오렌지나 체리,
포도 등은 손을 이용해서 먹고, 씨를
뽑을 때는 손으로 집어서 먹은 후
그 안에 뱉는다. 씨나 껍질은 접시
가장자리에 모아 두면 된다.

차 마시는 법

찻잔을 들 때 컵 바닥에 왼손을 받치지 않는다.
그리고 찻잔 손잡이에 손가락을 끼우는 것도 불
안정해 보인다. 엄지와 검지를 이용해 가볍게
잡는 것이 기본이다. 조금 무거운 찻잔은
중지까지 더해서 세 손가락으로 들어
올리면 기품이 있다. 어느 순간에도
새끼 손가락을 세우지 않도록 주의한다.

Drink
Attitude Lesson

술도 싸가지 있게 마신다

술은 밝고 즐겁게 마시는 것이 기본이지만, 취해버리면 금방 도를 지나쳐
버리기 쉽다. 레스토랑 또는 바(bar)나 일본식 술집 등에서 그 자리에 어울
리는 매너를 기억해 두자. 술에는 여러 가지 종류가 있고, 어떤 상황에서
어느 요리와 어울리는 지를 생각하는 것은 즐거운 일이다. 따라서 술의 종
류를 기억하고 기본적인 매너와 지식을 몸에 익혀 두면 식사를 즐기는데 더
욱 도움이 된다. 술과 식사는 떼려야 뗄 수 없는 관계이고, 서로를 끌어내
주는 효과가 있다. 일반적으로 한식에는 소주나 막걸리, 일식에는 맥주와
사케, 양식에는 와인, 중국요리에는 배갈과 같이 그 나라 음식에 그 나라
술을 맞춘다. 하지만 최근에는 모든 음식에 와인을 곁들이기도 하고, 자유
롭게 조합하는 경향도 높아지고 있다.
레스토랑은 한식, 양식, 일식, 중식 등 식사를 즐기는 곳이기 때문에 음식

을 천천히 맛보면서 술은 적당히 마신다. 식사는 뒷전이고 술만 마시고 있는 것은 그 음식에 대한 실례이므로 주의한다. 이자카야나 호프집과 같은 술집은 기본적으로 술을 마시는 장소이기 때문에 메뉴도 술 안주가 중심이다. 술의 종류도 다양해서 좋아하는 술을 즐길 수 있다. 특별한 룰은 없기 때문에 자유롭게 먹고 마시며 만끽하자. 바는 술을 천천히 조용히 즐기는 곳이다. 식전이나 식후에 이용하고, 술과 가벼운 안주로 시간을 보낸다. 공복을 채우기 위한 장소도 아니고, 여러명이 함께 분위기가 업되는 자리도 아니다. 어른들의 사교장이라는 점을 명심하자.

건배 전 술잔에 입을 대지 않는다

전원이 술을 따르고 나서 다시 잔을 들고 '건배'라
고 외치며 눈 높이로 올려서 인사한다. 한입 마
시고 나서 잔을 내려놓는다. 술을 마시지 않는
사람도 잔에 입을 대는 것이 바람직하다. 잔에
술이 찼다고 바로 입을 대 버리는 것은 몰지각한
행동이다. 잔을 앞에 놓고 기다린
후 건배를 하고 나서 입을 댄다.

감사하지만 …

술을 마시지 않는 사람이나 술에 약한
사람은 술을 받지 않고 거절해도 괜찮다. 글라스
나 잔 위에 가볍게 손을 얹어서 '챙겨주시는 것
은 감사하지만 술을 못 마십니다'라는 기분을 담
아 밝게 거절한다. 비록 마시진 않더라도 건배할
때는 다른 사람들과 맞춰서 한 모금 마신다. "딱
한입만 마시겠습니다."라고 양해를
구하고 조금 마셔도 무방하다.

격식 차린 자리에서는 잔을 부딪치는 것은 피한다. 캐주얼한 자리라
면 잔을 부딪쳐도 상관없지만, 섬세한 잔은 깨질 위험도 있기 때문
에 조심하는 것이 좋다.

맥주는 첨잔하지 않는다

맥주는 첨잔하면 거품이 나지 않고 맛도 떨어지기 때문에 잔이 빈 후 잘 보고 따르도록 한다. 그리고 잔이 비어서 술을 따라주거나 술을 권할 때, 따르는 도중에 술이 떨어지면 결례이므로 신경을 쓴다. 맥주병은 남은 양이 보이기 때문에 조금밖에 남지 않은 것은 자기 잔에 따라 술병을 비우고 상대에게는 새로운 병의 맥주를 따라 준다.

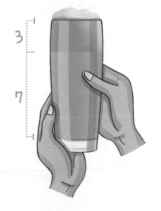

맥주병은 라벨을 위로 가게 해서 오른손으로 술병의 중앙을 확실히 잡고, 왼손을 아래쪽에 덧댄다. 잔은 오른손으로 중앙 부분을 잡고 왼손의 손가락을 가지런히 해서 바닥에 댄다. 술을 받을 때 잔을 약간 기울일 필요는 없다.

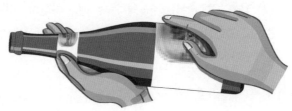

맥주를 콸콸 따르지 않는다. 처음부터 세게 따르기 시작하면 글라스 안이 거품투성이가 되고 흘러 넘쳐 버리는 일이 있기 때문에 주의한다. 중간부터는 세게 따라서 거품을 적당히 세운다.

술잔을 넘치게 따르지 않는다

술은 잔의 8-9분에 딱 맞게 따르는 것이 매너다. 술병의 잔량이 적을 때는 너무 기울어져서 흘러 넘치는 일도 있으므로 주의한다. 받을 때도 "감사합니다." 라고 감사의 인사를 전하고 잔을 오른손으로 잡고 왼손을 바닥에 댄다. 따라 주면 한입 마신 후 잔을 놓고 "OO씨도 한 잔 받으세요." 등의 말을 건네며 따라 준다. 술잔에 입을 대기 전에 입가를 가볍게 냅킨으로 눌러놓는다. 그래도 잔에 립스틱이 묻어나면 냅킨이나 손가락으로 살짝 닦는다. 립스틱을 묻힌 채로 잔을 내려놓는 것은 교양 없게 보인다.

OO씨도 한 잔 하세요.

아무리 편안한 자리라고 해도 여성이 자작해서 마시는 것은 품위
가 없다. 동행한 사람들과 서로 따라 주면서 함께 마신다.

잔을 들어 와인을 받지 않는다

와인은 소믈리에나 웨이터가 따라 주는 경우가 많은데, 누구에게 받든지간에 글라스를 들지 않는 것이 정석이다. 가볍게 눈인사를 하고 받으면 자연스럽다. 전원에게 술이 따라지면, 글라스를 잡고 건배하며 눈높이까지 들고나서 한입 마신다. 절대 글라스끼리 부딪치지 않는다. 특히 와인글라스는 섬세하게 만들어진 것이 많아서 깨지지 않도록 주의한다. 글라스를 부딪치지 않아도 건배할 때에 동석자와 시선을 맞추면 된다.

와인글라스 잡는 법

와인글라스는 손가락을 가지런히 해서 스템 (stem, 다리) 부분을 잡는다. 새끼 손가락으로 글라스의 바닥을 누르면서 잡아도 안정되게 잡을 수 있다.

스템(stem) ⟶

Don't

몸통(보디) 부분을 잡으면 와인이 따뜻해 질 수 있다.

브랜디 잔처럼 잡아도 와인이 따뜻해 질 수 있다.

단, 이것은 원칙일 뿐이다. 크고 무거워 보이는 와인글라스도 많이 등장하고 있는데 이런 잔은 보디 부분을 잡는 게 불안해 보이지 않는다. 원칙은 알되 상황에 따라서 유연하게 대처하는 것이 더욱 중요하다.

바 의자에 자연스럽게 앉는다

바의 카운터에는 키가 큰 의자나 등받이와 팔걸이가 없는 스툴(stool)이 놓여 있는 경우가 많다. 우물쭈물하지 말고 맵시 있는 동작으로 앉는다.

의자를 앞쪽으로 당겨서
의자 옆에 선다.
바 직원이 당겨 주는
경우도 있다.

Do

카운터에 한 손을 놓고,
오른발을 왼발과 교차시켜서
발 받침대에 걸친다.

엉덩이를 올려서 살짝 의자에 앉는다.
'노인처럼 힘들게 영차'라는 느낌이
나지 않도록 주의한다.

핸드백부터 센스 있게 보관한다

핸드백은 등받이와 엉덩이 사이에 놓거나 무릎 위에 올려 놓아도 괜찮다. 큰 짐이나 코트는 가게에 맡기는 것이 정석이지만, 여의치 않은 경우는 옆에 비어 있는 의자가 있으면 그곳에 놓아도 관계없다.

등 뒤나
무릎 앞에

옆에 비어 있는
의자가
있을 때

다리가 긴 높은 의자에 앉는 경우,
무의식적으로 다리를 흔들거리기 쉬우므로
주의한다. 구두를 떨어뜨리거나 하면
창피하기 마련이다. 다리는 확실히
발 받침대에 둔다.
다리를 꼬는 것은 괜찮다.

소파의 경우, 쉬는 것은 좋지만
상체를 뒤로 젖혀가며 푹 앉은
모습은 눈에 거슬릴 수 있다.
허리를 펴고 앉고, 짧은 스커트를
입은 경우는 다리를 꼬지
않는 것이 단정하게 보인다.

칵테일 좀 마실 줄 안다

글라스의 가장자리에 소금이 묻어 있는 칵테일

스노우 스타일이라고 불리는 칵테일로, 솔티독이 유명
하다. 한곳에만 입을 대서 먹어도 좋고, 한 바퀴 돌
아가면서 입을 대도 괜찮다.

머들러(muddler)가 들어 있는 칵테일

머들러는 사용 후 꺼내서 종이 냅킨 등의 위에 놓는다. 레
몬이나 라임은 짠 후에 꺼내도 좋고, 가운데에 넣어 둔
채로 마셔도 괜찮다.

얇은 스트로(straw)가 따라 나온 칵테일

음료를 젓기 위한 스트로다. 사용해서 마셔도 상관없
지만 빠는 것 자체가 힘이 들어가는 모양새라서
단정해 보이지 않는다.

과일이 들어 있는 칵테일

함께 곁들여 나오는 과일은 먹어도 매너에 어긋나
지 않는다. 껍질이나 씨는 냅킨에 싸서 둔다. 장
식되어 있는 꽃은 꺼내도 좋고 그대로 두고 마셔도
괜찮다.

스트로(straw)가 2개 나온 칵테일

1개를 사용해서 마신다. 다른 하나는 스트로가 막혔
을 때를 대비해서 나온 여유분이다.

여러 층으로 되어 있는 칵테일

외견상 아름다움을 즐기는 칵테일이기 때문에 스트
로가 딸려 나와도 젓지 말고 그대로 마신다.

회식 자리에서 투덜거리지 않는다

회식 자리에서 제일 중요한 것은, 무엇을 위해 모였는가를 잘 이해하는 일이다. 환영회나 송별회라면 주인공을 세워 주고 그 자리의 분위기를 고조시키는 것이 중요하다. 주인공은 제쳐 두고 단지 마시고 소란스럽게 끝내는 것은 주인공에 대한 실례이며 세련된 행동이라고는 말할 수 없기 때문에 주의한다. 친한 동료의 연회에서도 최소한의 예의를 지켜서 즐겁게 마시자. 그 분위기가 무르익도록 화제를 제공하고 밝게 행동해서 즐겨보자. 또, 친한 사람들만 자기들끼리 기분이 업되는 것도 주의한다. 회식 자리에서는 모두가 참여할 수 있는 화제를 제공한다. 친한 동료들끼리 개인적인 화제로 분위기가 들뜨지 않도록 주의한다. 주위를 배려하는 마음가짐을 잊지 말자.

불평불만을 늘어놓지 않는다

식당의 분위기나 나오는 음식에 대해 불평하거나 혼자서 침울해 있는 것은 가장 큰 민폐라 생각하자. 말하기보다 듣는 편을 즐기는 사람도 있지만 지루한 표정을 짓거나 입 다물고 가만히 있는 것은 분위기를 망치기 쉽다. 적극적으로 대화에 참가하자.

먹고 마시는 것에 전념하지 않는다

너무 사양하는 것도 민폐이지만 회식의 목적은 친목 도모이기 때문에 묵묵히 먹고 마시기만 하고 있어도 안 된다. 즐겁게 수다를 떨면서 눈치 있게 적당히 먹고 마시도록 한다.

술 자리에서도 늘 환영 받는다

술을 따르는 것은 대화의 윤활유가 되는 커뮤니
케이션 방법의 일종이다. 술잔이 비어 있으면
"괜찮으십니까?" 라고 말을 건네고 술을 따른다.
조금 남아 있는 경우에 전부 마시도록 강요하지
않는다. "한 잔 받으세요." 라고
누군가 말을 걸어 오면 받는
쪽에서는 정좌로 자세를
바로잡는다. 양손으로 술잔을
잡고 받으면 품위 있다. 술을 마시지 않는 사람
은 물론, 천천히 마시고 싶은 경우는 따라주는
술을 거절해도 상관없다. 술잔에 손을 살짝 얹고
미소 지으며 사양한다.

한 잔 받으세요.

건배하는 방법

회식은 건배부터 시작한다. 술을 받으면 글라스를 테이블에 놓아둔다. "건배합시다."라고 건배 제의를 하면, 글라스를 가슴 높이까지 올린다. '건배'라고 외치며 눈높이까지 들고, 주위 사람과 아이컨택을 하면서 가볍게 눈인사를 나누며 입에 댄다.

낯선 사람에게 먼저 웃으며 말을 건넨다

낯선 모임에 초대받았다고 해서 혼자서 멀뚱히 서 있거나 벽에 기대고 가만히 있는 행동은 특히 파티장에선 매너 위반이다. 사람들이 말을 걸어 주기를 기다리지 말고 스스로 적극적으로 다가선다. 주위 사람에게 "멋진 파티네요." 등의 말을 건네 보자. 초면의 알지 못하는 사람이라도 적극적으로 말을 걸고, 자기 소개를 하면서 교류한다.

먼저 인사드리겠습니다.

자기 소개를 할 때는 주최자와 어떻게 아는 사이인지, 어떤 관계로 파티에 초대되었는지로 시작하면 대화의 실마리를 찾기 쉽다. "아까 스피치는 좋았습니다."라는 등 파티에 대한 감상 정도부터 이야기를 시작해도 자연스럽게 대화가 이어질 수 있다. 비즈니스 모임이라면 명함 교환을 하거나 반감을 사지 않을 정도로 자기 PR을 하는 것도 괜찮다.

첫 대화에서 꺼내지 말아야 할 결혼의 유무나 가족 관계 등 사적인 소재는 상대가 스스로 꺼내지 않는 한 묻지 않는다. 정치나 종교 등 논쟁이 될 만한 것도 피한다. 그 파티의 목적에 맞는 적절한 소재를 고른다.

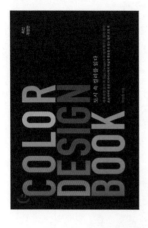

도시 속 컬러를 읽다 COLOR DESIGN BOOK

'도시 속 컬러를 읽다 COLOR DESIGN BOOK'에서는 도시 속 Sign Design을 통하여 보다 쉽게 '색'이란 요소를 이해할 수 있도록 도와준다. 색상환이나 배열표 등을 통한 기초적인 지식뿐만 아니라 감각적이고 세련된 도시 속 Sign Design 이미지를 통하여 실용적인 감각을 익힐 수 있다. 홍콩, 파리, 리스본, 뉴욕, 마드리드, 상하이, 밀라노 등 세계 유명 도시 속 Sign Design을 통하여 색의 기초부터 세계의 도시 속에서 사용된 색의 조화 및 배색을 배워 볼 수 있다.

박명환 지음 ㅣ 400쪽 ㅣ 27,000원

TIMES SQUARE 타임스퀘어 낮과 밤
타임스퀘어 속 디자인을 읽다

세계의 교차로라 불리는 뉴욕 '타임스퀘어' 공간의 다양한 사인과 디자인을 담은 비주얼 책이다. 『타임스퀘어, 낮과 밤』은 뉴욕의 스틸 컷과 타임스퀘어의 다양한 랜드스케이프는 물론 방대한 타임스퀘어내의 사인을 재질, 제작방식, 형태 등으로 분류하고 이곳의 사인들을 낮과 밤이라는 대칭적 컷의 뷰(view)로 보여주고 있다. 이를 통해 우리에게 늘 익숙하지만 자세하게 보지 못했던 타임스퀘어의 광고와 브랜드는 물론, 동시대의 디자인과 트렌드를 속속들이 들여다 볼 수 있다.

박명환 지음 ㅣ 319쪽 ㅣ 33,000원

디자인뮤제오 www.designmuseo.co.kr

서울시 마포구 상수동 342-6 2층 T.02) 334-0940 / F.02) 334-0941

잉글리시 비주얼 익스프레스
회화편 (영어표현사전)

회화에 왕도는 없다. 하지만 빠른 지름길은 있다.
영어 좀 한다고 티 낼 수 있는 상황별 컴팩 리얼 표현 사전!

값 9,900원

잉글리시 비주얼토크북
사교편

영어에 말 걸기! 사람에게 말 걸기!
에피소드를 통해 살펴보는 좌충우돌 사교영어!

값 9,900원

잉글리시 비주얼토크북
생활편

영어 교과서에서는 없다!
생활 속에서만 찾을 수 있는 리얼 전투 생활영어!

값 9,900원

빛나는 그대! 에너지 스타
긍정의 힘을 가득 실어주는 이야기들을 읽어 나간다면,
삶 자체를 변화시킬 수 있을 만큼의 강력한 동기부여를
경험하게 될 것이다.

곽동근 지음 | 272쪽 | 값 14,000원

비주얼토크북 www.vtbook.co.kr
서울시 마포구 상수동 342-6 2층 T.02) 334-0940 / F.02) 334-0941

코난 미디어 오디오 CD 시리즈

Maximum Achievement
피닉스 리더십 세미나 / 잠들어 있는 성공시스템을 깨워라

진정한 성공과 행복한 마음의 평화를 얻기 위한 구체적인
실천방법 / 브라이언 트레이시 (CD 6개 / 33,000원)

How to Master Your Time
시간을 마스터하는 방법 / 잠들어 있는 시간을 깨워라

사업과 인생에서 승리를 위한 효율적인 시간관리 기술
브라이언 트레이시 (CD 6개 / 33,000원)

Million Dollar Habits
백만불짜리 성공습관 / 잠들어 있는 잠재능력을 깨워라

자수성가한 백만장자의 성공비법과 강력한 12가지 실천방법
브라이언 트레이시 (CD 6개 / 33,000원)

Seeds of Greatness
성공의 잠재력을 키워주는 씨앗 /
뿌린 대로 거두므로 모든 것은 자신에게 달려 있다

당신의 무한한 잠재력을 열어주는 성공의 10가지 방법
데니스 웨이틀리 (CD 6개 / 33,000원)

(주)코난미디어 www.conant.co.kr

서울시 서초구 방배동 444-3 SK리더스뷰 18층   T.02) 597-2588   / F.02) 597-2558

내 남자를 튜닝하라 Men's Image Tuning

성공과 품격, 남자의 이미지가
모든 것을 결정한다!
이기는 남자들의 비주얼 튜닝 전략
중국, 대만 번역판 출간

황정선 지음 | 296쪽 | 값 15,000원

세일즈에 스타일을 더하라 Sales Image Tuning

세일즈 스타일의 차이가 당신과 회사의 이익을 좌우한다!
세일즈를 위한 고객 감동의 60가지 스타일 튜닝 전략

황정선 지음 | 280쪽 | 값 15,000원

스타일리시한 여자와 일하고 싶다 Women's Image Tuning

치열한 비즈니스 사회에서 패션 감각도 스펙이다!
성공하는 여자들의 스타일 튜닝 전략
중국, 대만 번역판 출간

황정선 지음 | 325쪽 | 값 15,000원

옷을 벗고 색을 입자 Color Image Tuning

당신만의 컬러를 찾아라!
베이직부터 트렌드까지 패션을 살리는 컬러 스타일북
중국, 대만 번역판 출간

황정선 지음 | 300쪽 | 값 16,000원

나는 오늘이 제일 예쁘다 Ladies Image Tuning

여자나이 마흔, 품격을 높여라!
마흔을 위한 패션 어드바이스 북

여자의 '불혹(不惑)'은 여자로서 아름다움이 무르익어 절정에 달하는 시기로 '유혹(誘惑)'의 나이라 할 수 있다. 애꿎은 세월만 탓하면서 편한 스타일을 고집하여 거래처 직원과 후배들의 뒷담화 주인공으로 전락할 40대가 될 것인지, 예쁘장한 20대에게서는 결코 찾을 수 없는 성숙미와 노련미로, 나이가 들어도 매력과 아우라가 뿜어져 나오는 40대가 될 것인지는 당신의 선택에 달려있다. 혹시 자신이 마흔의 가치를 떨어트리는 옷차림을 하고 있지는 않은지 점검해보자. 이 책이 당신의 고민을 말끔히 씻어줄 것이다.

중국, 대만 번역판 출간

황정선 지음 | 250쪽 | 15,000원

품격 입는 남자 Gentleman Image Tuning

남자 나이 마흔에는 옷이 아니라 품격을 입어야 한다.

'남자는 나이가 들면서 더 멋스러워진다'는 말이 있지만 아무에게나 해당하는 말은 아니다. 큰 옷으로도 가려지지 않는 불룩 튀어나온 뱃살, 최신 유행의 옷을 입어도 어딘지 모르게 우스꽝스러운 옷차림은 중년의 당신을 수많은 아저씨 중의 한 명으로 전락시키기 십상이다. 하지만 당신도 안다. 누구는 아저씨가 아니라 신사로 불린다는 사실을!

이 책은 누구도 당신을 함부로 아저씨라 부르지 못하게 만들 수 있는 4050 남성들의 스타일에 대한 해법을 담고 있다. 얼마쯤 나온 배와 세월의 흔적이 남은 얼굴이라고 해도 당신의 스타일과 함께 조화와 균형을 갖춘다면 충분히 품위 있고 섹시한 남성으로 거듭날 수 있다. '꽃중년'이 대세라지만 여전히 옷 입는 게 두려운 당신, 망가진 몸매 때문에 멋진 옷 사기를 포기한 당신에게 꼭 필요한 책이다.

황정선 지음 | 412쪽 | 25,000원

강의 및 책 문의   이미지공작소   T.02) 3474-8192 / F.02) 3474-8193

Women's Attitude Lesson Oneday Seminar

교육대상	· 취업을 앞두고 있는 취업 준비생 · 영업력 향상을 목표로 하는 세일즈우먼 · 프로패셔널한 이미지를 구축해야 하는 비즈니스우먼
인원	선착순 10명 (참가비 30,000원)
일정	2015년 매월 셋째 토요일 (09:30~12:30 / 3시간 + 간단한 다과 30분)
장소	이미지공작소 교육장(방배역 3번 출구)
프로그램	

Smart Body Language

스마트한 바디랭귀지
상황별 바디랭귀지
시선처리 방법
얼굴 근육훈련
파워 제스처

Women's Attitude Lesson

Bearing Guide

자신감 있는 자세
자신감 있는 동작
호감가는 태도
상황에 맞는 적절한 인사

Business Etiquette

비즈니스 에티켓 셀프 체크
상황별 접객 매너
명함, 악수, 소개법
클라이언트 응대 기법
방문, 초대 매너
전화 매너

상담 및 문의	**이미지공작소** ┃ 서울 서초구 방배1동 909-8 한성빌딩(구 삼현빌딩) 4F T. 02)3474-8192 / F. 02)3474-8193

※ 날짜와 시간은 공지 후 변경될 수 있으며, 전화로 문의하시면 상세한 교육프로그램을 보내드립니다.

Women's
Attitude
Lesson